WAS IST EINE PFLANZE?

Ich danke Jean-Claude Modod für seine
Lektüre und die Kommentare.

FLORENCE BURGAT

Was ist eine Pflanze?

Versuch über das pflanzliche Leben

Aus dem Französischen von Brita Pohl

TURIA + KANT
WIEN – BERLIN

Bibliografische Information der Deutschen Nationalbibliothek
Die Deutsche Bibliothek verzeichnet diese Publikation in der Deutschen Nationalbibliografie; detaillierte bibliografische Daten sind im Internet über http://dnb.ddb.de abrufbar.

Bibliographic information published by the Deutsche Nationalbibliothek
The Deutsche Nationalbibliothek lists this publication in the Deutsche Nationalbibliografie; detailed bibliographic data are available on the Internet at http://dnb.dnb.de.

Avec le soutien du
CNL
Centre national du livre

Titel der Originalausgabe:
»Qu'est-ce qu'une plante? Essai sur la vie végétale«

ISBN: 978-3-98514-009-1

Cover: Bettina Kubanek, Visuelle Gestaltung, Berlin
unter Verwendung eines Ölgemäldes von
Christian Friedrich Gille (1805-1899)

VERLAG TURIA + KANT
A-1010 Wien, Schottengasse 3A/5/DG1
Büro Berlin: D-10827 Berlin, Crellestraße 14
info@turia.at | www.turia.at

Inhalt

Einleitung

> »Woher kommt es, dass ein Hinkender uns nicht erzürnt und ein hinkender Geist uns erzürnt? Das kommt, weil ein Hinkender erkennt, dass wir gerade gehen, und ein hinkender Geist sagt, wir seien die Hinkenden. Daher kommt unser Zorn.«
>
> Blaise Pascal, *Gedanken*

Pflanzen sind keine Gegenstände. Sie leben, aber inwiefern? Im Unterschied zum individualisierten Leben ist das pflanzliche ein Leben im Netzwerk. Sein Zentrum ist überall, sein Umfang nirgendwo. Das Zentrum der Pflanze, ihr Wesen, entzieht sich dem Denken, weil es sich im Laufe einer Entwicklung verändert und die Richtung wechselt, die sich immer weiter verzweigt und neu gebiert. In der Pflanzenwelt herrscht nicht der Tod, sondern im Gegenteil die »potentielle Unsterblichkeit«[1]. Diese Tatsache erklärt sich daraus, dass manche Pflanzen als Kolonie leben, die über die einzelnen Einheiten hinaus existiert, aus denen sie besteht. Hinzu kommt der Fall der Bäume: Nur eine äußere Ursache beendet ihr Austreiben und allein eine physikalische Grenze limitiert ihr im Prinzip unbegrenztes Wachstum.[2]

---

1 Francis Hallé, *Plaidoyer pour l'*arbre. Nîmes, Actes Sud, 2007, S. 42 f.: »Die Kolonie kann praktisch unsterblich sein [...] Bäume sterben [...] aber die Ursachen, aufgrund derer sie sterben, sind immer äußere Ursachen: Wind, Feuer, Kälte, Krankheitserreger, ein Erdrutsch oder die Kettensäge eines Waldarbeiters.«

2 Jacques Tassin, *Penser comme un arbre*. Paris, Odile Jacob, 2018: »Ein Baum stirbt nie eines schönen Todes, sondern weil eine äußere Krafteinwirkung ihn entwurzelt, bricht, beschädigt oder verbrennt.« (S. 57)»Die physikalische Grenze für die Höhe von Bäumen ist in Wirklichkeit mechanischer Natur. Sie hat mit der Fähigkeit des Stamms zu

Der älteste derzeit bekannte Baum, eine Kiefer namens Methuselah-Baum, ist mehr als fünftausend Jahre alt und zeigt keinerlei Anzeichen von Verfall.[3] Folgen wir der von Canguilhem vorgelegten Definition, sind Pflanzen keine Lebewesen im Sinne eines Lebewesens als eindeutig individualisiertes »sterblich geborenes Wesen«, dessen »Geschichte [...] zwischen Leben und Tod verläuft«[4]. Sie sind nicht mit der spontanen und freien Bewegung begabt, die den jeweils eingenommenen Ort beliebig macht; derjenige, der ihnen zufällt, ist unausweichlich. Sie entfalten sich, wachsen und nehmen an Umfang zu, pflanzen sich fort, verändern ihre Form, aber sie bewegen *sich* nicht. Dieser Zustand ist kein formales Detail. Das fest verankerte Leben ist eins mit ihrer Seinsweise. Dieser phänomenologischen Wahrheit möchte ich hier das Wort erteilen, um den Versuch einer Bestimmung des pflanzlichen Lebens zu unternehmen.

Das ist aktuell relevant, da gewisse Bücher in der Öffentlichkeit den Glauben genährt haben, dass Pflanzen leben, leiden und sterben wie Menschen und Tiere. Dieser Glaube, den man als neoanimistisch bezeichnen könnte und der nebenbei bemerkt von der Strömung der Naturanthropologie als solcher untersucht wird,[5] ist folgenlos. Er verpflichtet zu nichts. Denn

---

tun, die Gesamtmasse des Baumes zu tragen.« (S. 62) Tassin zufolge ist der größte je vermessene Baum ein Eukalyptus, der es auf 132,6 Meter brachte.

3 *Ebenda,* S. 57.

4 Georges Canguilhem, »VIE«, *Encyclopaedia Universalis.* Paris, 1973, Bd. 16, S. 806-812. Der Eintrag erschien auf Deutsch in der Übersetzung von Thomas Ebke in: Georges Canguilhem, *Regulation und Leben.* Berlin: August Verlag, 2017, S. 69-120, Zitate S. 69.

5 Eduardo Kohn schreibt: »Wenn die Gedanken lebendig sind, und wenn das, was lebt, denkt, dann ist die lebendige Welt vielleicht verzaubert. [...] Die Wälder denken. Solchen Gedanken wendet sich die Anthropologie jenseits des Menschlichen derzeit zu. [...] Der Animismus, die Verzauberung dieser nicht-menschlichen Orte, ist mehr als ein Glaube, eine verkörperte Praxis [*an embodied practice*] oder Handlanger unserer Kritiken an mechanistischen westlichen Naturdarstellungen, auch wenn

niemand, der als Apostel dieses Glaubens auftritt, predigt oder trifft die Entscheidung, darauf zu verzichten, Pflanzen zu schaden. Deren unzählige Verwendungszwecke[6] liegen hauptsächlich und zwingend im Bereich der Ernährung. Jene, die in den Pflanzen Menschen wie alle anderen sehen,[7] ziehen es jedenfalls nie in Betracht, ausschließlich Tiere zu essen, die sich selbst wiederum von einer beträchtlichen Menge an Pflanzen ernähren. Den Verteidiger der Pflanzen kennzeichnet also nur seine Denkungsweise, sein Diskurs.

Diese befremdliche epistemologische Großzügigkeit vermittelt jedenfalls die Ansicht, alles sei erlaubt, weil alles leidet – wobei die Pflanzen die großen Vergessenen seien. Wenn es schlichtweg notwendig ist, dann kann man behaupten, das Räuber-Beutemodell sei moralisch unter allen Umständen valide. Ohne den Erläuterungen vorzugreifen, die ihre Analyse erfordert, soll diese gefährliche Behauptung bereits hier veranschaulicht werden: Peter Wohlleben, der Autor von *Das geheime Leben der Bäume*, stellt fest: »Ob ein Wolf ein Wildschwein reißt oder ein Hirsch einen Eichensämling abfrisst, in beiden Fällen kommt es zu Schmerz und Tod.«[8]. Ebenso erklärt Dominique Lestel, der Autor von *Apologie du carnivore* [Verteidigung des Fleischfressers], der sein Ziel deutlicher offenbart:

---

sie das auch sind.« (*Comment pensent les forêts. Vers une anthropologie au-delà de l'humain,* aus dem Englischen von Grégory Delaplace, Vorwort von Philippe Descola. Brüssel: Zones sensibles, 2017, S. 109).

6 Vgl. Jacques Barrau, »L'homme et le végétal«, in Jean Poirier (Hg.), *Histoire des mœurs,* Bd. 1. Paris: Gallimard, »Bibliothèque de la Pléiade«, 1990, S. 1279-1306; Francis Hallé und Pierre Lieutaghi (Hg.), *Aux origines des plantes. Des plantes et des hommes.* Paris: Fayard, 2008.

7 Siehe dazu im ersten Abschnitt: »Die Vermenschlichung der Pflanzen – Betrachtung eines Symptoms«.

8 Peter Wohlleben, *Das geheime Leben der Bäume – was sie fühlen, wie sie kommunizieren – die Entdeckung einer verborgenen Welt.* München: Wilhelm Heyne Verlag, 2015, S. 50.

»Vegetarier sind der Meinung, Pflanzen zu essen führe nicht dazu, zu töten oder Leid zu verursachen. Die Pflanze ist jedoch ein Lebewesen, das stirbt. [...] Warum sollte es ethischer sein, eine Karotte leiden zu lassen als einen Hasen?«[9] Emanuele Coccia wiederum, Autor von *La Vie des plantes. Une métaphysique du mélange*[10], ist der Ansicht, dass der Mensch nicht leben kann, ohne das »Fleisch« anderer Lebewesen »zu reißen« und, »um es negativ auszudrücken: Unser Leben bedeutet immer, andere Lebewesen, Tiere oder Pflanzen, zu opfern,« doch »um es positiv auszudrücken: Unser Leben ist die Chance auf Wiedergeburt für Hühner und Salatköpfe«[11] ... Diese Ansichten haben einen derartigen Erfolg, dass es kaum noch möglich ist, Tierleid zu erwähnen, ohne darauf die Frage bzw. den Einwand zu hören: »Und die Pflanzen?« Ist es nicht beunruhigend, dass mit dem Leid von Individuen aus Fleisch und Blut ohne jede intuitive, philosophische oder wissenschaftliche Grundlage das »Leid der Pflanzen« assoziiert wird? Obwohl die Verhaltensweisen von Tieren, in denen ein psychisches Leben sichtbar wird,[12] uns seit Langem vertraut sind, macht es den Anschein, als ob wir ganz plötzlich nichts mehr wiedererkennen, kategorisieren oder unterscheiden würden.

Dieser Zustand ist umso überraschender, als es noch in jüngerer Vergangenheit zum guten Ton gehörte, sich über Vegetarier lustig zu machen, die dem »Schrei der Karotte« gegenüber taub seien. Die Absurdität dieser Bemerkung, die eben nicht auf eine wie auch immer geartete Wirklichkeit verweist, sollte

---

[9] Dominique Lestel, *Apologie du carnivore*. Paris: Fayard, 2011, S. 47.

[10] Emanuele Coccia, *La Vie des plantes. Une métaphysique du mélange*. Paris: Bibliothèque Rivages, 2016.

[11] Emanuele Coccia, zitiert nach Catherine Vincent, »L'antispécisme va-t-il trop loin?«, *Le Monde*, 30.03.2018, S. 29.

[12] Vgl. Maurice Merleau-Ponty, *Die Struktur des Verhaltens*. Berlin: de Gruyter, 1976, und Edmund Husserl, *Cartesianische Meditationen und Pariser Vorträge*. Haag: Martinus Nijhoff, 1950 (V. Meditation).

Vegetariern begreiflich machen, dass der Schrei der Tiere, der ihnen so wichtig ist, das Produkt ihrer kranken Einbildung ist. Sie sind Opfer einer Illusion, die dem Schrei der Karotte ähnelt. Demnach ist der Verzicht auf tierisches Fleisch ebenso unsinnig wie es jener auf Pflanzen wäre. Ganz cartesianisch ist der tierische Schrei nichts als das Quietschen eines schiefen Rädchens: Er entspricht der Stummheit einer Pflanze, die von ihrem Ast abgetrennt oder entwurzelt wurde. Die Gleichsetzung der tierischen und pflanzlichen Lebensform erfolgt oft mit umgekehrten Vorzeichen. Entweder das pflanzliche Leben wird dem tierischen Leben gleichgesetzt – dann wird sie ontologisch durch die Zuschreibung von Eigenschaften eines individualisierten und subjektiven Lebens, jenen eines psychischen *Ich,* aufgewertet. Oder das tierische Leben wird mit dem pflanzlichen Leben gleichgesetzt – hier handelt es sich eindeutig um eine Abwertung, da die Pflanze hier die niedrigste Stufe des Lebendigen einnimmt.

Die herrschende Unterscheidungslosigkeit, die gelegentlich auf anthropozoologischer Ebene beklagt wird,[13] überschreitet mit liebenden und leidenden Pflanzen eine Grenze, die zu überschreiten durch nichts gerechtfertigt ist. Es ist nun einmal so, dass Pflanzen nicht leiden. Leiden ist eine Erfahrung, die von einem Körper im eigentlichen Sinne gemacht wird. Und Pflanzen sterben auch nur in einem sehr relativen Sinne. Theophrast bemerkt bereits, dass ein »Ölbaum, der ganz abgebrannt war, von neuem mit den Schößlingen wieder getrieben. So schlug in Böotien (ein Ölbaum), dessen junge Triebe von den Heuschrecken abgefressen waren, von neuem aus, da die andern abstarben.«[14] Nun bedeutet in einem relativen Sinne sterben nicht

[13] Vgl. Étienne Bimbenet, *Le Complexe des trois singes. Essai sur l'animalité humaine.* Paris: Seuil, »L'ordre philosophique«, 2017.

[14] *Theophrast's Naturgeschichte der Gewächse*, übersetzt und erläutert von K. Sprengel, Zweites Buch, 3, 2. Altona: Johann Friedrich Hamme-

sterben, denn der Tod ist das absolute und unumkehrbare Ende alles Möglichen. Ein Tier oder Mensch ist entweder lebendig oder tot. Der Arzt kann den Zustand eines Körpers hinterfragen, der leblos erscheint, eine Ethikkommission kann entscheiden, dass der Hirntod rechtfertigt, die Organe eines Körpers zu entfernen, dessen Herz noch schlägt – diese Fragen verändern nichts an der Tatsache, dass das Individuum biologisch entweder noch lebt oder bereits tot ist.

Hingegen schlagen getrocknete Samen, die zuvor im Kern einer Frucht geerntet worden sind, wieder aus, sobald sie in die Erde zurückgelegt werden. Weizenkörner zum Beispiel müssen sterben, um wiedergeboren zu werden. Gewisse Pflanzen verfolgen ihren Weg unterirdisch und überraschen den Beobachter mit neuen Trieben. Die Stümpfe gefällter Bäume produzieren Schösslinge oder überziehen sich mit einer Schicht aus lebendigem Gewebe. Der Baum kann in seinem Inneren Fremdkörper oder andere Bäume einschließen. Theophrast stellt weiter fest: »[...] oft wird ein Teil eines Baumes von einem andern, der mit ihm zusammengewachsen ist, eingeschlossen, und wenn man einen Stein oder etwas dergleichen in den Baum eindrängt, so wird es verborgen, indem der neue Anwuchs es umgibt.«[15] Als wäre er seiner Verdinglichung gegenüber gleichgültig, lebt der Baum weiter, obwohl er in einen Gegenstand verwandelt wird. »[... man hat] denn wohl gesehen, daß eine Türangel wie-

---

rich, 1822, S. 58; oder auch: »Wird [der Baum] abgehauen, schlägt er nach drey Jahren wieder aus. *Ebenda,* Viertes Buch, 2, 8, S. 136 [Rechtschreibung hier und im Folgenden angepasst, Anm. d. Ü.].

15 *Ebenda,* Fünftes Buch, 2, 3, S. 195. Francis Hallé hält sich bei diesem Phänomen auf und zitiert dazu einen Auszug aus Blaise Cendrars' *Feuille de route, »Serra Do Mar, Brésil«,* der sich an eine ehemalige Reihe von Holzpfosten erinnert, deren Äste nach drei Monaten ausgetrieben hatten. Man riss sie daraufhin aus, um sie kopfüber mit den Wurzeln in der Luft einzupflanzen. »Nach drei Monaten trieben sie neue Äste, sie wuchsen wieder ein und begannen erneut zu leben.« (F. Hallé, *Plaidoyer pour l'arbre,* op. cit., S. 124).

der ausgeschlagen, auch ein Handgriff, der mit Lehm in einem irdenen Becher gelegen.«[16] Das pflanzliche Leben besteht unter minimalen Bedingungen weiter, strebt danach, den gesamten Raum einzunehmen, hört nie auf zu leben, ohne sich um die Umstände zu kümmern, die zu seinem Austreiben beitragen. Sieht man nicht zarte Kräuter auf Asphaltflächen aufgehen? Das pflanzliche Leben wäre so das Leben im Reinzustand, die in gewissem Sinne authentischste Art, da zu sein, einfach und endgültig da zu sein und sich seinem Ort vollkommen anzupassen.

Die Beschreibung der Pflanzen stößt auf ein sprachliches Problem und dieser Schwierigkeit kann man sich unmöglich entziehen. Wir verwenden einen Wortschatz, der für die Lebensformen des Tierreichs geprägt wurde, weil dieses Reich unseres und damit das einzige ist, das uns zugänglich ist, wenn auch noch immer in einem Nebel des Nichtverstehens, wie uns mehr oder weniger jede Alterität begegnet. Wenn es sich um individualisierte geistig-körperliche Andersartigkeit handelt, sind wir nicht völlig auf den rein beschreibenden Außenblick angewiesen. Sicher sind uns bestimmte Formen des Tierlebens ausgesprochen fremd, etwa die Meerestiere, die nur in einem Umfeld leben können, in dem wir ersticken würden, ebenso wie sie umgekehrt in unserem. Andere sind uns nur schwer verständlich, wie Insekten und Spinnentiere zum Beispiel. Aber hinsichtlich der Pflanzen ist die Schwierigkeit mehr als doppelt so groß. Kurz gesagt, wie kann man darüber sprechen, was Francis Hallé als »radikale Alterität« bezeichnet? »Selbst unsere Sprache ist der Pflanze nicht angepasst, sie *weiß* nicht, sie *verwendet* nichts, sie hat weder *Bedürfnisse* noch *Pläne* oder *Ziele*. Wir sprechen eine Sprache von Tieren, die sich schlecht dazu eignet, eine pflanzliche Wahrheit zu beschreiben.«[17]

---

16 *Theophrast's Naturgeschichte der Gewächse,* Fünftes Buch, 9, 8, S 215.

17 Francis Hallé, *Éloge de la plante. Pour une nouvelle biologie.* Paris:

Der Autor von *Éloge de la plante* und *Plaidoyer pour l'arbre* braucht keine Ähnlichkeit zwischen Pflanzen und Menschen, um sie bewundernswert zu machen. Der Anthropomorphismus ist abzulehnen, »denn er verhindert das Erstaunen vor dem Rätsel des Baumes und hindert uns daran, jemals in seine Geheimnisse einzudringen.«[18] Die Einzigartigkeit des pflanzlichen Lebens legt eben gerade nicht nahe, die Pflanzen auf Seiten des bewussten Lebens und damit der Verhaltensfreiheit einzuordnen.

Darüber hinaus lehnen nicht wenige Biologen des pflanzlichen Lebens den Begriff des Verhaltens in Bezug auf ein örtlich festgelegtes Leben ab, das dennoch feinfühlig auf unterschiedliche Veränderungen seiner Umwelt reagiert, ebenso wie sie jenen der Intelligenz ablehnen, der die Beurteilung des Denkens erfordert. »Intelligenz ist die Fähigkeit, sein Verhalten im Laufe des Lebens anzupassen,« schreibt Jacques Tassin, sie »setzt eine Entscheidungsfähigkeit in Verbindung mit einem Lernvermögen voraus, die nur ein wirklich integrierendes Gedächtnis ermöglicht, das sich im Wissen darum, dass es sich erinnert, einer neuen Situation zu stellen weiß. Bei Pflanzen weist nichts auf das Vorhandensein eines derartigen Bewusstseins hin, bei ihnen finden sich höchstens mehr oder weniger beständige Spuren. Nein, Pflanzen sind sicherlich nicht intelligent.«[19] Wollen wir unser Verständnis von Pflanzen vom Modell des Tierlebens befreien, kippen wir häufig bestenfalls in die negative Analyse und verwenden nur die Konzepte, die uns zur Verfügung stehen. Die Pflanze wird in diesem Fall indirekt definiert, indem sie vom Standpunkt des Tier- oder Menschenlebens aus nur dessen Schatten wäre. Diese Differenzierungsarbeit zwischen

---

Seuil, 1999, S. 324.

18 Francis Hallé, *Plaidoyer pour l'arbre,* op. cit., S. 13.

19 Jacques Tassin, *À quoi pensent les plantes?* Paris: Odile Jacob, 2016, S. 120.

Pflanzen- und Tierleben ist notwendig. Sie stellt dennoch nur einen Teil des Weges dar, den es zurückzulegen gilt, denn eine nur negative Definition sagt nichts über die Sache selbst aus. Zumindest erlaubt sie es, die Möglichkeitsbedingungen eines authentischen Denkens des pflanzlichen Lebens zu verdeutlichen.

Wissenschaftler sind nicht zur Alternative zwischen einem anthropomorphen Repertoire einerseits und der von den Behavioristen befürworteten toten Sprache andererseits verurteilt. Es gibt keinerlei Grund, Metaphern und Bilder zu verpönen, um etwas zu verstehen, dessen Wesen sich uns entzieht, solange sie die Mechanismen am Ursprung der Bewegungen von Pflanzen (Tropismen) zutage zu fördern helfen – allerdings unter der Bedingung, diese Metaphern und Bilder als solche zu präsentieren. Niemand kann sich in eine Pflanze hineinversetzen. Diese empathische Vorgehensweise erfordert nämlich, wie Husserl gezeigt hat, eine minimale Gemeinsamkeit in Morphologie und Verhalten. Augen zu haben, um zu sehen, Ohren, um zu hören, Gliedmaßen, um sich fortzubewegen, ein Verhalten zeigen – mithin eine Verkettung von Handlungen, die einer willentlichen Intention unterstehen, die nicht jeden Augenblick umgelenkt werden kann – konstituieren die Voraussetzung für die empathisch-analoge Rekonstruktion. Das Entzücken, das die Schönheit von Blumen bereitet, das Gefühl von Magie, das man angesichts dessen verspüren mag, was aus einem Samen keimt, jenes Gefühl von Winzigkeit, das die Majestät von Bäumen gebietet, die in einer Zeit und einem Raum jenseits der Sterblichen prangen, laden dazu ein, poetische und wissenschaftliche Sprache zu vermischen – eine Feinsinnigkeit, die nichts mit der reißerischen Strategie des Anthropomorphismus zu tun hat. Dafür müssen allerdings zunächst die Diskursebenen abgeklärt werden.

Diese wenigen Eingangsbemerkungen führen zu drei zusammenhängenden Fragen. Die erste ist epistemologisch:

Welche wissenschaftlichen Konzepte sind einzusetzen und welche Sprache ist zu benutzen? Gibt es an der Grenzlinie zwischen dem Tierischen und dem Pflanzlichen ein bekanntes Modell, das einen gewissen Zugang zum Wissen über letztere ermöglicht? Wenn die Analogie die Unterscheidung zwischen dem pflanzlichen und dem tierischen Leben bis zu einem gewissen Punkt beibehält, verliert sich darin die Entsprechung, ganz zu schweigen von der Vermenschlichung der Pflanzen. Erschöpft die analytische Beschreibung von chemischen, physischen oder biologischen Phänomenen das Staunen, das das Leben der Pflanzen erregt? Wäre nicht erneut einer Wissenschaft der Formen, einer Morphologie Platz zu schaffen, die Informationen offenbaren kann, die sich von jenen unterscheiden, die der analytische Zugang produziert?[20] Weil die Pflanze sich durch ihre »blosse Gestalt«[21] völlig darbietet, erlaubt sie eine mühelose Lektüre ihres Wesens, und Schopenhauer erinnert an die »Naivetät«, mit der jede Pflanze »ihren ganzen Charakter [...] ihr ganzes Seyn und Wollen offenbart« (zum Beispiel ihren geographischen und klimatischen Ursprung, aber auch den »speciellen Willen ihrer Gattung«), während die Tiere sich nur durch Beobachtung ihrer Handlungen und Gepflogenheiten zu erkennen geben und der Mensch, der durch die Vernunft ein großes Talent hat, sich zu verstellen, sein Geheimnis in sich bewahren kann.[22] Eben deshalb sind »die Physiognomien der Pflanzen so interessant«[23]. Eine Wissenschaft der Gestalt: War das nicht

---

[20] In *Éloge de la plante*, op. cit. äußert Francis Hallé die Überzeugung, dass »die Kenntnis der Formen mehr wesentliche Informationen liefert als die analytische Untersuchung in einem quantifizierbaren Bereich« und dass eine »Wissenschaft der Formen nicht obsolet« ist. (S. 40).

[21] Arthur Schopenhauer, *Die Welt als Wille und Vorstellung.* Zürcher Ausgabe. Werke in zehn Bänden. Band 1. Zürich: Diogenes, 1977, S. 207f.

[22] *Ebenda.*

[23] *Ebenda,* S. 207.

Goethes Projekt, der betonte, dass eine solche Wissenschaft »die Lehre von der Gestalt, der Bildung und der Umbildung der organischen Körper«[24] umfassen solle? Denn kann man das Lebendige in seine Bestandteile zerlegen, könne diese Zergliederung sie nicht »wieder zusammenstellen und beleben.«[25] Die Gestalt hat den Nachteil, von »dem Beweglichen« zu abstrahieren, während doch besonders in der organischen Welt »alles in einer steten Bewegung« schwanke; auch sollte besser von Bildung, das heißt dem Gebildeten und sogleich Umgebildeten gesprochen werden.[26] Wenn Erkenntnis die »Analyse geformter Materie« ist, gelangt sie nie auf die Ebene der »Originalität der Formen«[27]: Mit anderen Worten, die analytische Erkenntnis kann den Sinn einer Ganzheit nicht erfassen, die sich als solche behauptet, indem sie sich mit ihrer Umwelt konfrontiert. Lebendige Gestalten als Ganzheiten können »in einer Vision, einer Zusammenschau, niemals durch Division, durch Zerteilung, erfasst werden«[28].

Die zweite Frage ist ontologischer Natur. Sich hinsichtlich der Möglichkeitsbedingungen der Erkenntnis von Pflanzen zu befragen, sich über eine gelehrte Beschreibung ihrer Funktionen hinauszuwagen, eröffnet den Weg zu einer philosophischen

---

[24] Johann Wolfgang von Goethe, »Vorarbeiten zu einer Physiologie der Pflanzen«, in Hans J. Becker, Klaus H. Kiefer, Gerhard H. Müller, John Neubauer, Peter Schmidt (Hg.), *Sämtliche Werke nach Epochen seines Schaffens.* Münchner Ausgabe Band 4.2. München: Hanser, 1986, S. 201.

[25] Johann Wolfgang von Goethe, »Zur Morphologie«, in Hans J. Becker, Klaus H. Kiefer, Gerhard H. Müller, John Neubauer, Peter Schmidt (Hg.), *Sämtliche Werke nach Epochen seines Schaffens.* Münchner Ausgabe Band 12. München: Hanser, 1989, S. 13.

[26] *Ebenda.*

[27] Georges Canguilhem, *Die Erkenntnis des Lebens.* Aus dem Französischen von Till Bardoux, Maria Muhle und Francesca Raimondi. Berlin: August Verlag, 2009, S. 19.

[28] *Ebenda.*

Reflexion über das *Vegetabilische (végétalité)*.[29] Kann man das pflanzliche Leben anders als negativ erfassen? Wir werden hier über die Untersuchung bestimmter Kriterien, Eigenschaften oder Gliederungen vorzugehen haben, die sowohl die wissenschaftliche als auch die philosophische Diskussion nähren – Individualität und Ich, Bewegung und Verräumlichung, Bewusstsein und gelebtes Leben etc. –, um auf diesem Weg das Wesen der Pflanzen auszumachen. Die vergleichende Untersuchung drängt sich auf, da diese Kriterien, Gliederungen oder Eigenschaften dem tierischen Leben entlehnt sind. Das Aufnehmen eines bekannten Modells, das darauf abzielt, bei den Pflanzen tierische Funktionen *wiederzuerkennen*, ist nicht neuesten Datums. Die Geschichte der Botanik veranschaulicht das Aufeinanderprallen zweier Modelle: Einerseits das analoge Modell nach einer aus der Renaissance, sogar der Antike ererbten Methode, die die Teile der pflanzlichen Organismen mit jenen gleichsetzt, die man bei den Tieren kennt; andererseits das ursprüngliche Modell der »Vegetation«, das bemüht ist, das Geheimnis der Funktion dieser organlosen Organismen zu enträtseln.[30] Indem ich mit gradualistischen Konzeptionen breche, die die Gesamtheit der Lebensformen an ein- und demselben Prinzip festmachen, sie über quantitative Unterschiede unterscheiden, die dennoch qualitative Unterschiede hervorbringen,[31] und indem ich ebenso mit einer negativen Definition breche, die aus einem zoomorphen Zugang zum pflanzlichen

---

[29] Diesen Begriff schlägt François Delaporte vor, siehe folgende Fußnote.

[30] François Delaporte, *Das zweite Naturreich. Über die Fragen des Vegetabilischen im XVIII. Jahrhundert.* Mit einem Vorwort von Georges Canguilhem, übersetzt von Eva Brückner-Pfaffenberger. Frankfurt/M, Berlin, Wien: Ullstein, 1983, S. 21-83.

[31] Wenn zum Beispiel auf einem Gebiet das Bewusstsein endgültig eingeschlafen ist, wird dieses dann durch die Abwesenheit von Bewusstsein charakterisiert.

Leben hervorgegangen ist, werde ich fragen, ob dieses, unter anderem wegen seiner grundlegenden Verbindung mit den Elementen und Gestirnen, nicht zunächst in seiner rein vitalen Dimension gedacht werden muss, deren kosmologische Aspekte zu untersuchen sind.[32]

Unsere dritte Frage betrifft den moralischen Status von »natürlichen Subjekten« und juristische Vorschläge zu ihrem Schutz. Befinden wir uns nach den Umweltethiken und dem Umweltrecht jetzt in der Ära der subjektiven Rechte, die Pflanzen einzuräumen sind, die von nun an als empfindungsfähige, bewusste, intelligente und leidende Subjekte gedacht werden? Verpflichtet uns das pflanzliche Leben? Fühlen Pflanzen, und wenn ja, in welchem Sinne – erleben sie Gefühle oder reagieren sie auf die vielfältigen und zahlreichen Reize, die sie umgeben? Haben sie Eigeninteressen? Haben sie so etwas wie gelebte Erfahrung? Sind sie »Subjekte eines Bewußtseinslebens«, Begriffe, mit denen Husserl die Tiere charakterisiert, und können sie in dieser Eigenschaft subjektive Rechte genießen? Um Rechte zu begründen, muss man sich über die moralisch relevanten Kriterien verständigen. Entweder müssen die Verteidiger von Rechten für die Pflanzen beweisen, dass diese wie die Wesen des Tierreichs leiden und sterben, und diese Aufgabe ist, gelinde gesagt, schwierig. Oder das Kriterium der Empfindungsfähigkeit (das seiner philosophischen Bedeutung zufolge das Gefühlsleben, also psychisches Leben einschließt) wird als moralisch relevantes Kriterium und damit als geeignet angenommen, Rechte zu begründen, und die Pflanzen können damit in den anthropozoologischen Kreis aufgenommen werden. In einer streng positivistischen Rechtsbetrachtung kann zwar jedwedes unbeseelte Objekt in dem Augenblick zum Rechtssubjekt

---

[32] Vgl. die Arbeiten von Ernst Zürcher über die Chronobiologie: *Die Bäume und das Unsichtbare*. Aus dem Französischen von Silke Huber. Aarau/ München: AT Verlag, 2016, S. 90ff.

erklärt werden, in dem der Gesetzgeber dies beschließt – hier ist weder gegenüber der Philosophie noch der Moral Rechenschaft abzulegen. Diesen Rechtsbegriff vertrete ich hier nicht. Recht muss sich auf Werte gründen, die sich wiederum auf eine Ontologie stützen, und kann nicht allein durch den Willen des Gesetzgebers aufrechterhalten werden. Denn ich stehe gefühlsmäßig dem *Naturrecht* näher als dem Rechtspositivismus. Ich werde mich dem Problem im Hinblick auf die Ontologie annähern, die zuvor dargelegt wird. Der Schutz von Pflanzen hat nichts mit dem Gefühl des Mitleids zu tun, von dem Rousseau zeigt, dass es jeden einzelnen von uns direkt gegenüber allen empfindungsfähigen Wesen verpflichtet, aber nur ihnen gegenüber. Die natürliche Pflanzenwelt, von der man leicht vergisst, dass sie eine bewohnte Welt ist, muss auf anderen Grundlagen vor den immer größeren Schäden beschützt werden, die ihr menschliche Aktivitäten zufügen.

Epistemologie

> »Schon immer erreicht das Leben ohne Schrift, weit vor der Schrift und ohne Bezug zur Schrift, was die Menschheit über das Zeichnen, das Gravieren, die Schrift und den Druck gesucht hat: Wissen, die Übertragung von Botschaften. Und nun gleicht die Erkenntnis des Lebens nicht mehr einem Abbild des Lebens, was sie sein konnte, als die Erkenntnis des Lebens Beschreibung und Klassifizierung von Arten war. Sie gleicht nicht Architektur oder Mechanik, was sie war, als sie schlicht makroskopische Anatomie und Physiologie war. Heute gleicht sie der Grammatik, der Semantik und der Syntax. [...] Das Leben als in die Materie eingeschriebenen Sinn zu definieren, heißt, die Existenz eines objektiven *a priori* anzunehmen, eines im eigentlichen Sinne materiellen und nicht nur formalen *a priori.*«
>
> Georges Canguilhem, *Études d'histoire et de philosophie des sciences concernant les vivants et la vie*

Beschreiben, benennen, klassifizieren – das Abbild des Lebens

Pflanzen können wie jeder andere Gegenstand der Natur- und Lebenswissenschaften unter verschiedenen Blickwinkeln betrachtet werden. Ihre Beschreibung, ihre Benennung, ihre Klassifizierung in Gattungen und Arten sind die Sache der Botanik. Rousseau betont den intrinsischen Zusammenhang zwischen der Nomenklatur der Pflanzen und ihrer Untersuchung. »Das Studium der Botanik gelten zu lassen und jenes der Nomenklatur abzulehnen, bedeutet daher, in den absurdesten Widerspruch zu verfallen,«[33] stellt er fest. Diesen Zusammenhang zwischen Wort und Gegenstand nimmt er im Brief vom 16. Juli 1772 noch einmal auf: »Es wird immer behauptet, Botanik sei eine simple Wörter-Wissenschaft, gerade gut genug, um das Gedächtnis zu stärken, den Pflanzen Namen zu geben. Ich bitte Sie, wer ist ein echter Botaniker? Einer, der beim Anblick einer Blume viele Wörter ausspucken kann, ohne vom Aufbau, von der Gestalt und den Zusammenhängen etwas zu wissen? Oder einer, der Struktur und Habitus der Pflanze erklären kann, ohne aber den Artnamen zu kennen?«[34]

Rousseau erweist den »wahren Botanikern« Clusius, Cordus, Cesalpino und Gesner seine Referenz, die in der zweiten Hälfte des 16. Jahrhunderts in Europa »gute, lehrreiche Bücher« geschrieben hatten, »in denen sich bereits einige Spuren von Methode finden.«[35] Zur gleichen Zeit arbeiteten die Brüder Jean und Gaspard Bauhin an einer Universalgeschichte der Pflanzen, die nach Jeans Tod publiziert wurde. Dennoch ging damals

---

33 Jean-Jacques Rousseau, *Fragments pour un dictionnaire des termes d'usage en botanique,* Introduction, Œuvres complètes, Bd. IV. Paris: Gallimard, »Bibliothèque de la Pléiade«, 1963, S. 1209.

34 Jean-Jacques Rousseau, *Botanik für artige Frauenzimmer: Lehrbriefe für eine Freundin.* Aus dem Französischen von Ruth Schneebeli-Graf. Hanau: Peters, 1980, S. 58. Und im Brief vom 2. Mai 1773 schreibt er: »Es geht nicht darum, sich nach Papageienart Namen anzueignen, sondern es geht um die liebenswerteste aller Wissenschaften.« (*Ebenda,* S. 77-78).

35 Jean-Jacques Rousseau, *Fragments,* Introduction, op. cit., S. 1203. Clusius Carolus, der latinisierte Name von Charles de l'Écluse, war ein flämischer Arzt und Botaniker (1526–1609); Valerius Cordus, deutscher Arzt, Chemiker und Botaniker (1515–1544); Andrea Cesalpino oder Caesalpin war italienischer Arzt, Naturforscher und Botaniker (1519–1565); Conrad Gessner (den Rousseau mit nur einem S schreibt) war ein Schweizer Naturforscher (1516–1565). Ein Überblick über die Geschichte der Botanik findet sich bei Jean-Marc Drouin, *L'Herbier des philosophes.* Paris: Seuil, »Science ouverte«, 2008, S. 35-67.

jeder nach seiner Fasson vor. Das führte dazu, »dass es kaum eine Pflanze gab, die nicht ebenso viele verschiedene Namen hatte wie Autoren sie beschrieben hatten.«[36] Die lateinischen Benennungen vervielfältigten sich in dem Maße, als sich dank der Forschungsreisen in ferne Weltregionen das Repertoire an bekannten Pflanzen erweiterte. Die Botanik wurde zum »gewaltigen Labyrinth,«[37] dessen Pfade Joseph Tournefort in der zweiten Hälfte des 17. Jahrhunderts durch eine Reform der Nomenklatur begradigte. Er machte sie allerdings durch die Zusätze, die seine Methode erforderte, beträchtlich schwerfälliger. Mehrere lateinische Zeilen wurden so für die Beschreibung einer Pflanze notwendig, eine behäbige Gelehrtheit, die durchaus die Disziplin selbst in Gefahr zu bringen drohte. Das Beispiel, das Rousseau bei Leonard Plukenet wählte, einem englischen Botaniker der zweiten Hälfte des 17. Jahrhunderts, ist überzeugend.[38] Erst Linné trennte im folgenden Jahrhundert »die Botanik einigermaßen von der Pharmazeutik«.[39] Auch er empfand die Notwendigkeit eines allgemeinen Neuentwurfs einer Nomenklatur, die »völlig unerträglich«[40] geworden war und widmete sich mit aller Kraft ihrer Vereinfachung. Ein Name ist keine Beschreibung. »Ausdrucksstarke, kurze und klangvolle«[41] griechische und lateinische Begriffe anstatt eines »so schulmeisterlichen Apparats«[42] sind in der Lage, jede Pflanze

---

[36] Jean-Jacques Rousseau, *Fragments,* Introduction, *op. cit.,* S. 1203.

[37] Ebenda.

[38] Ebenda, S. 1205: »*Gramen myloicophorum carolinianum seu gramen altissimum, panicula maxima speciosa, è spicis majoribus compressiusculis utrinque pinnatis blattam molendariam quodam modo referentibus, composita, foliis convolutus mucronatis pungentibus.*«

[39] Jean-Jacques Rousseau, Träumereien eines einsamen Spaziergängers. Siebenter Spaziergang. In ders., *Schriften,* Bd. 2. Hrsg. von Henning Ritter. Frankfurt/M.: Fischer, 1988, S. 719.

[40] Jean-Jacques Rousseau, *Fragments,* Introduction, op. cit., S. 1205.

[41] Ebenda, S. 1206.

[42] Ebenda, S. 1207.

präzise zu benennen; allerdings müssen noch ausnahmslos alle Botaniker dasselbe einfache System übernehmen. Im 19. Jahrhundert kann sich die Geschichte der Botanik etablieren, deren berühmteste von Julius von Sachs[43] stammt. Diese Wissenschaft der Klassifizierung, die Botanik im streng deskriptiven Sinne, die mit dem Herbarium aus getrockneten Pflanzen zwischen zwei Löschpapieren[44] einhergeht, unterscheidet sich zumindest konzeptuell von der Pflanzenphysiologie (die zunächst Pflanzenphysik genannt wurde[45]), die sich nicht auf die Struktur der Pflanzen, sondern auf ihre Funktionsweisen (Ernährung, Reproduktion) bezieht.

Der Botanik wurde noch ein weiteres Unrecht angetan. Ihr »erstes Unglück«[46] bestand darin, für einen Teil der Medizin gehalten zu werden: Man befasste sich eher damit, die Wirkung der Pflanzen zu ergründen als sie unvoreingenommen zu verstehen. Die von Rousseau erwähnten Botaniker waren im Übrigen häufig Ärzte. Zu diesem Fehler kommt eine weitere drohende Hürde hinzu. Im Artikel »Blume« unterstreicht Rousseau, wie sehr zunächst die Fantasie das Denken verführt. Durch eine

---

43 Julius von Sachs, *Die Geschichte der Botanik vom 16. Jahrhundert bis 1860.* München: Oldenbourg, 1875.

44 Jean-Jacques Rousseau, *Botanik für artige Frauenzimmer,* Brief vom 11. April 1774, in dem er erklärt, wie man ein Herbarium anlegt (S. 120).

45 François Delaporte zufolge taucht der Begriff »Physiologie« (Erforschung der pflanzlichen Funktionen), den er von der Anatomie unterscheidet, in dieser Bedeutung erstmals in Linnés Werk »Philosophia botanica« auf (*Das zweite Naturreich. Über die Fragen des Vegetabilischen im XVIII. Jahrhundert.* Mit einem Vorwort von Georges Canguilhem, übersetzt von Eva Brückner-Pfaffenberger. Frankfurt/M, Berlin, Wien: Ullstein, 1983, S. 23).

46 Jean-Jacques Rousseau, *Fragments,* op. cit., S. 1201. Ebenso schreibt Rousseau im siebenten Spaziergang, dass »die Aufmerksamkeit der Leute von Geschmack« sich von dieser Forschung wegen der »Gewohnheit, die Pflanzen nur als Drogen und Heilmittel zu betrachten,« abgewandt habe. (*Träumereien ..,* op. cit., S. 719).

Anstrengung müssten »die leuchtenden Farben, die lieblichen Düfte, die eleganten Formen« beiseitegeschoben werden, um auszudrücken zu versuchen, was eine Blume ist. Ebenso wie die Zeit, so fährt Rousseau fort und zitiert dabei den bereits berühmten Text des Hl. Augustin, von der man weiß, was sie ist, wenn man uns das nicht fragt, deren Definition wir aber nicht zu geben vermögen, wenn sie uns abverlangt wird, so ist es auch mit »der Blume und vielleicht der Schönheit selbst, die, wie diese, rasch der Zeit zum Opfer fällt.«[47]

In der Einleitung zu den Fragmenten seines Wörterbuchs erwähnt er die antiken Quellen nicht: die *Historia plantarum* bzw. *Naturgeschichte der Gewächse* von Theophrast; die *Naturkunde* von Plinius dem Älteren, eine Enzyklopädie mit siebenundzwanzig Büchern, in denen ein wenig durcheinander Heilpflanzen, Zierpflanzen, Zucht- und Wildpflanzen vorkommen; *Über Arzneistoffe* von Dioskurides, der allerdings die etwa sechshundert darin beschriebenen Pflanzen aus dem Blickwinkel ihres therapeutischen Werts betrachtet. Doch im siebten Spaziergang nimmt Theophrast die Stellung des »einzigen Botaniker[s] des Altertums«[48] ein.

Theophrasts Quellen sind vielfältig. Zu seinen eigenen Beobachtungen gesellt sich die Sammlung von Informationen, die Erforscher ferner Gegenden liefern – Ägypten, Palästina, Syrien, Persien während des Alexanderfeldzugs oder auch Babylon, das Kallysthenes besucht hatte. Manche Beschreibungen scheinen dem Fantasiereich entsprungen (man denke an die unglaublichen Völker bei Herodot). Soldaten aus dem Kontingent, das Alexander nach Indien entsandt hatte, berichten, dass die Meeresvegetation, sobald man sie aus dem Wasser nimmt und der Sonne aussetzt, ihre grüne Farbe verliert und rasch salzähnlich wird, und am Strand wachsen auch »Stein-

[47] Jean-Jacques Rousseau, *Fragments,* op. cit., S. 1221.
[48] Jean-Jacques Rousseau, *Träumereien …,* op. cit., S. 719.

binsen [...], die Niemand durch den bloßen Anblick von den wahren unterscheiden könne. Noch wunderbarer ist folgendes, was sie erzählen, daß einige Bäumchen vorkommen, an Farbe dem Kuhhorn gleich, mit rauen Zweigen und an den Spitzen rot. Wenn diese Jemand zusammendrücke, so zerbrechen sie; und, wenn solche Bruchstücke ins Feuer geworfen werden, so werden sie glühend wie Eisen. Abgekühlt aber nehmen sie wieder ihre vorige Beschaffenheit und Farbe an.«[49] Eine weitere Merkwürdigkeit der Pflanzenwelt gebe ich hier nur der Freude am (mit Bedauern gekürzten) Zitat wegen wieder: »Die meisten Auswüchse trägt aber die Eiche, außer ihrer Frucht, nämlich den kleinen Gallapfel und [...], was Einige Pilos nennen: dies ist ein wolliges, weiches Kügelchen, um einen härteren Kern gewachsen, dessen man sich zu Dochten bedient, denn es brennt gut, wie auch der schwarze Gallapfel. Auch erzeugt sich (an den Eichen) noch ein anderes Kügelchen, mit einem Schopfe, welches sonst ohne Nutzen ist, aber im Frühling färbt es sich mit einem Saft, der dem Gefühl und Geschmack nach honigartig ist. Ein anderes ungestieltes Kügelchen wächst aus dem in den Zweigwinkeln angehäuften Mark. Es ist eigen, bunt und inwendig hohl. Es hat hervorstehende weiße Näbelchen, oder schwarze Punkte, in der Mitte ist es scharlachrot und glatt; öffnet man es, so ist es schwarz und verdorben. [...] . Auf dem Blatt an der Rippe wächst ein weißes Kügelchen, welches, wenn es noch zart, durchsichtig und wässericht ist; dies hat bisweilen Fliegen in sich. Wenn es aber reif wird, so verhärtet es sich nach Art eines kleinen glatten Gallapfels.«[50]

Rousseau hält Theophrast wahrscheinlich wegen der methodischen Hinweise, mit denen er seine *Naturgeschichte* einleitet, für den einzigen Botaniker der Antike: »Die Verschie-

---

[49] *Theophrast's Naturgeschichte der Gewächse,* op. cit., Band 2, Viertes Buch, 7,3, S. 154.

[50] Ebenda, Band 2, Drittes Buch, 7, 4 und 5, S. 93-94.

denheiten der Gewächse und ihre übrige Natur muß man nach ihren Teilen und ihren Zufällen, nach ihrer Fortpflanzung und Lebensart beurteilen. Denn ihre Lebensweise und Verrichtungen sind anders als bei den Tieren.«[51] Das Verbot einer Untersuchung von vollständigen Ähnlichkeiten zwischen Pflanzen und Tieren wird auf den Rang einer Regel erhoben: »Im Ganzen aber muß man, wie wir bemerkten, nicht die Ähnlichkeiten von den Tieren (überall) entlehnen. Darum ist die Zahl (der Teile) unbegrenzt: denn (das Gewächs) ist überall sprossend, weil es überall lebend ist.«[52] Zudem lässt sich Theophrast in der Beschreibung der Anbaupraktiken und ihrer unterschiedlichen Anwendungen auf die minutiöse Arbeit der Unterscheidung der Pflanzen ein, zum Beispiel durch Untersuchung ihrer Wurzeln. Der Erfolg der *Naturgeschichte der Gewächse*, die übersetzt wurde und weit verbreitet war, zeigt Jean-Marc Drouin zufolge, dass die Entwicklung der Botanik sich dem medizinischen Zugang zu den Pflanzen verdankt, ebenso wie der Agronomie, die in der Antike dank der lateinischen Traktate von Varro, Columella und Palladius und später im Mittelalter überwiegend in der arabischen Welt die zweite Quelle für den Aufbau dieses Wissens bildet.[53]

Während Aristoteles die Regeln der Klassifizierung des Lebendigen durch den Vergleich der Tiere etablierte, ist diese seit der Renaissance die Sache der Botaniker. Die Botanik »von Tournefort bis Linné« lieferte auch der Zoologie ihre Klassifizierungsmodelle: Das Übergewicht der Botanik ist auch mit »eher biologischen als logischen Gründen«[54] zu erklären, denn jedes Klassifizierungsvorhaben verlangt eine Präzision der

---

51 Ebenda, Band 1, Erstes Buch, 1,1, S. 3.
52 Ebenda, Band 1, Erstes Buch, 1,4, S. 5.
53 Jean-Marc Drouin, *L'Herbier des philosophes,* op. cit., S. 42.
54 Georges Canguilhem, *Études d'histoire et de philosophie des sciences concernant les vivants et la vie*. Paris: Vrin, 2002, S. 215.

Beschreibung, die eine Beobachtung erfordert, die so lange dauert wie nötig. »Das Pflanzliche,« so Canguilhem weiter, »ist unbewegliches und passives Leben. Eine Wildpflanze ist eine Pflanze, die nicht kultiviert wurde, und nicht eine Pflanze, die flieht.«[55] Zu diesem ersten Grund für den Rückstand der zoologischen Taxonomie kommt ein weiterer, eher technischer hinzu: Solange man nicht über die Instrumente verfügte, Pflanzen so fein zu sezieren, dass man ihre inneren organischen Strukturen entdecken konnte, »konnte die Pflanze einfacher erscheinen als das Tier«[56]. Das Pflanzliche scheint alle seine Elemente auf den ersten Blick preiszugeben und so Analogien und funktionelle Korrespondenzen zwischen Pflanzen leicht zu machen, die Wurzeln, Stängel und Blüten haben. Im Gegensatz dazu scheinen Analogien im Tierreich viel riskanter, »wo Eigenheiten viel häufiger sind«[57]. Dennoch kann sich die Analogie »auch genau umkehren, ohne jedoch in Frage gestellt zu sein,«[58] merkt Foucault an, da dieses Denkmodell in der griechischen Wissenschaft ebenso wie im Denken des Mittelalters so eine zentrale Rolle spielt. So untermauert noch Cesalpino diese doch so alte Analogie der Pflanze zum Tier, der zufolge das Pflanzliche ein umgekehrtes Tier ist, als er entdeckt, dass die Pflanze ein »aufrechtes Tier« ist: Die Prinzipien ihrer Ernährung verlaufen von unten nach oben, wo Blätter und Blüten sind. Die Fruchtbarkeit der Analogie wird durch diese »Reversibilität« verstärkt.[59]

Die Entdeckung von Ähnlichkeiten zwischen zwei Dingen drängt den menschlichen Geist dazu, diese auf Elemente zu extrapolieren, die doch verschieden sind, bis überall Gleichheit

---

[55] Ebenda.

[56] Ebenda.

[57] Ebenda, S. 216.

[58] Michel Foucault, *Die Ordnung der Dinge. Eine Archäologie der Humanwissenschaften.* Aus dem Französischen von Ulrich Köppen. Frankfurt/M: Suhrkamp (stw 96), 13. Auflage 1995, S. 51.

[59] Ebenda.

nachgewiesen wird und Unterschiede nur noch einer mehr oder weniger großen Komplexität geschuldet sind.[60] In der ersten Regel zur Leitung des Geistes schreibt Descartes: »Es ist eine häufige Angewohnheit, wenn man eine Ähnlichkeit zwischen zwei Dingen erkennt, sie aufeinander zu beziehen, selbst in den Punkten, in denen sie in Wahrheit unterschiedlich sind, in dem, was man an nur einem der beiden als wahr erkannt hat.«[61] Das Vorhaben, einen neuen Gegenstand kennenzulernen, löst die Suche nach Ähnlichkeiten mit bekannten Gegenständen aus und führt zur Analogie. Schopenhauer illustriert diese natürliche Neigung des Geistes in einem Kapitel, das er der pflanzlichen Physiologie widmet: »[...] das Erkennen [ist] wegen der dadurch bedingten Bewegung auf Motive der wahre und die wesentliche Gränze bezeichnende Charakter der Thierheit. Wo diese aufhört, verschwindet die eigentliche Erkenntniß, deren Wesen uns aus eigener Erfahrung so wohl bekannt ist, und wir können uns, von diesem Punkt an, das den Einfluß der Außenwelt auf die Bewegungen der Wesen Vermittelnde nur noch durch Analogie faßlich machen.«[62] Wir nehmen eine endliche Zahl von Formen wahr, und diese Endlichkeit sichert die Stabilität der wahrgenommenen Welt. Unsere Wahrnehmung ist nicht analytisch, sondern synthetisch – gestalthaft, sozusagen.

---

60 Ebenda., S. 59, 86-87, 188 und 415.

61 René Descartes, *Oeuvres philosophiques (1618–1637)*, Bd. I. Paris: Édition Ferdinand Alquié, 1963, S. 77.

62 Arthur Schopenhauer, *Über den Willen in der Natur*. Frankfurt/M: Joh. Christ. Hermann'sche Buchhandlung, 1854, S. 63-64. Vgl. in derselben Stoßrichtung Helmuth Plessner, *Die Stufen des Organischen und der Mensch. Einleitung in die philosophische Anthropologie*. Frankfurt/M.: Suhrkamp, 1981 (Unter der »Vorherrschaft physiologischer Ideen, die anhand des Funktionsschemas des Tieres gebildet waren, [hat man zu Unrecht] an dem Gedanken festgehalten, auch in der Pflanze seien reflektorische Vorgänge anzunehmen« und Prozesse der Stimulusweiterleitung mit Nervenprozessen gleichzusetzen. Plessner ersetzt die Vorstellung einer »Reaktion« mit der Herrschaft der »Gesetze des Seienden«).

Wir konstruieren die Gestalt nicht ausgehend von der Diversität, die sie einschließt. Was wir wahrnehmen, sind Formen, die sich uns auf einen Schlag darbieten und deren Konturen uns unmittelbar an eine vertraute Form erinnern. Eine pflanzliche Form lässt etwa sofort an eine menschliche Gestalt denken (Kopf, Arme, Rumpf); diese Form, die nun mit Bedeutung aufgeladen ist, kann das Gefühl einer psychologischen Befindlichkeit bewirken: zum Bespiel Erschöpfung beim Anblick eines Baumes, der unter der Last seiner Früchte nachgibt. So kann ein Gefühl der Empathie entstehen, allerdings einer gewissermaßen durchkreuzten Empathie, denn der Baum *ist nicht* erschöpft.

Derartige erkenntnistheoretische Prinzipien lassen uns die Spezifität des pflanzlichen Lebens aus den Augen verlieren. Sie eröffnen allerdings den Weg zur Klassifizierung aller Wesen mit Hilfe des Rasters der Ähnlichkeiten. Der *Mathesis universalis* zufolge, dem Projekt einer vollständigen Mathematisierung der Natur, ist das gesamte Feld des Sichtbaren auf ein Variablensystem zurückzuführen, und auch die Botaniker träumten durchaus davon, ihre Disziplin zu mathematisieren. Für das 17. und 18. Jahrhundert zeigt Foucault: »Die Pflanze und das Tier werden weniger in ihrer organischen Einheit als durch die sichtbare Heraustrennung ihrer Organe gesehen. Sie sind Füße und Hufe, Blüten und Früchte, bevor sie Atmung und innere Säfte sind.«[63] Dieses Erkenntnisideal, das sich auf die Beschreibung des Gegebenen stützt, wird später zum »taxinomischen Raum der Sichtbarkeit«[64]. Dieser könnte den taxonomischen Vorsprung der Botanik erklären, da viele grundlegende Organe bei den Pflanzen ohne weiteres sichtbar sind, was bei den Tieren nicht der Fall ist. So wird der Naturforscher zum »Mann des strukturierten Sichtbaren und der charakteristischen Benennung, er ist jedoch nicht der Mann des Lebens.« Die Naturge-

---

63 Michel Foucault, *Die Ordnung der Dinge,* op. cit., S. 179.
64 Ebenda. [*sic!*]

schichte steht Foucault zufolge in keinerlei Zusammenhang mit einer Philosophie des Lebens, sei diese noch so »dunkel« oder »stammelnd«[65].

Das Ende des 17. Jahrhunderts ist von einer Diskrepanz zwischen einer klassifizierenden Botanik, deren Beispiel Tournefort ist, und einer monographischen Zoologie geprägt.[66] Doch hinter den »morphologischen Singularitäten der Tierwelt« zeichnet sich die Einheit einer grundlegenden Funktion ab, die sexuelle Reproduktion, angesichts derer die Pflanzenwelt »sich ebenfalls als Singularität präsentiert«[67]. Die Reproduktion über Ableger und Samen »bleibt erklärungslos, da nirgendwo eine Analogie gefunden werden kann.«[68] Die gewöhnlichsten Pflanzen, die leicht beobachtet werden können, sind in der Mehrzahl einhäusig und zeichnen sich dadurch aus, oft auf demselben Stiel und sogar an derselben Blüte unterschiedliche Sexualorgane zu tragen. »Eine Ausnahme im Tierreich, ist der Hermaphrodismus in der Pflanzenwelt die Regel.«[69] Die Vorstellung des Lebens betritt die Bühne und verändert die Klassifikationsregeln. Denn möglicherweise, wie noch einmal Foucault zeigt, sind »die bedeutendsten Merkmale am verborgensten,« auch bei den Pflanzen (etwa die Keimblätter), und es wäre daher notwendig, »das Sichtbare wie auch seine tiefe Ursache auf das Unsichtbare zu beziehen, dann aus dieser geheimen Architektur wieder zu deren manifesten Zeichen hinaufzusteigen, die an der Oberfläche der Körper gegeben sind.«[70] Das epistemologische Feld verliert seine alte Einheit. Das Pflanzenmodell, das völlig offen ausgebreitet daliegt, und damit einem »Denken innerhalb

---

[65] Ebenda., S. 208.

[66] Georges Canguilhem, *Études d'histoire et de philosophie des sciences concernant les vivants et la vie,* op. cit., S. 216.

[67] Ebenda.

[68] Ebenda., S. 282.

[69] Ebenda.

[70] Michel Foucault, *Die Ordnung der Dinge,* op. cit., S. 282-83.

eines Tableaus« angemessen ist, verschwindet vor dem Interesse für die Tiefgründigkeit des Lebens. Von nun an nimmt das Tiermodell mit seinen »verborgenen Knochengerüsten, seinen eingehüllten Organen [...] und jener fernen Kraft [...], die es am Leben erhält,«[71] den ersten Rang ein.

Physiologie der Pflanze – die Architektur des Lebens

Die Funktionen der Ernährung und Reproduktion der Pflanzen waren seit dem Ende des 16. Jahrhunderts Gegenstand von Forschungen, und, wie Canguilhem erinnert, bis zum Ende des folgenden Jahrhunderts war »der exemplarische organisierte Körper der Körper des Tieres«[72]. Die Erforschung der Ernährung ist zu Beginn des 17. Jahrhunderts von einem von Jean-Baptiste van Helmont entworfenen Experiment geprägt: Wie ist es zu erklären, dass eine Weide in einem Topf, die man gießt, wächst, ohne dass die Menge an Erde abnimmt? Zu dieser Zeit ist die Rolle des Austausches zwischen Luft und Pflanze noch unbekannt, ihre in der belebten Welt einzigartige Fähigkeit, ihre organische Materie aus in der Umwelt vorhandenen Substanzen herzustellen, der Luft und dem Wasser des Bodens. Die chemischen Reaktionen dieses Prozesses werden vom Sonnenlicht ermöglicht (Photosynthese). Und genau dies ist der Grund, warum das Analogiemodell scheitern muss. Die Ernährung der Pflanzen ist ausgehend von den tierischen Funktionen unverständlich; Pflanzen haben kein Organ, das an das Ver-

---

71 Ebenda., S. 338.

72 Georges Canguilhem, »VIE«, *Encyclopaedia Universalis*. Paris, 1973, Bd. 16, S. 806-812. Der Eintrag erschien auf Deutsch in der Übersetzung von Thomas Ebke in: Georges Canguilhem, *Regulation und Leben*. Berlin: August Verlag, 2017, S. 69-120, Zitat S. 102.

dauungssystem erinnern könnte, das auf Aufnahme und Ausscheidung beruht. Es wird auch versucht, dieses Modell auf den Nachweis eines Blutkreislaufs und eines Atmungssystems anzuwenden. Kurz gesagt, bis zum 19. Jahrhundert bleibt die Physiologie der Pflanze teilweise der tierischen Physiologie verpflichtet und verfährt über Berichtigungen und Anpassungen,[73] doch das Modell der Pflanzenwelt, das die Analogie zugunsten des Verständnisses von lebenserhaltenden Mechanismen ablehnt, die nicht von Organen gewährleistet werden, setzt sich im 18. Jahrhundert allmählich durch.[74]

Die zweite Funktion ist die geschlechtliche Reproduktion der Blütenpflanzen, bei denen die Botaniker »diese Art von Liebesakt«[75] beschreiben. Die männliche Funktion, die dem Staubgefäß zugeteilt wird, ist eine Vorstellung, die am Ende des 18. Jahrhunderts vom englischen Botaniker und Mediziner Nehemiah Grew ausgeht. Der Pollen wäre wiederum das befruchtende Element. Goethe zeigt, dass »die verschiedenen Theile der Pflanze aus einem völlig ähnlichen Organ entspringen«, das sich verwandelt und umformt, was sich aus dem Prinzip ergibt, dem zufolge »eine Pflanze die Kraft hat, sich [...] ins unendliche zu vermehren« und ähnliche Teile hervorzubringen – ein abgeschnittener und eingepflanzter Weidenast wird sich entwickeln, und einer seiner Äste kann wiederum abgeschnitten und eingepflanzt werden, und das in der Folge »in infinitum«[76]. Diese Reproduktionsweise, in der das Gleiche aus

---

73 François Delaporte, *Le Second Règne de la nature,* op. cit., S. 114.

74 Ebenda, S. 74-75.

75 Vgl. die Beschreibung des Botanikers Sébastien Vaillant, »Demonstrator der Pflanzen des Jardin Royal in Paris,« Rede bei der Eröffnung des Gartens am 10. Juni 1717, protokolliert von Studierenden der Botanik: »Discours sur la structure des fleurs, leurs différences et l'usage de leurs parties«, *Cahiers philosophiques* 2018, 2, 153, S. 82-92 (Zitat S. 83).

76 Johann Wolfgang von Goethe, »Metamorphose der Pflanzen. Zweiter Versuch,« in Hans J. Becker, Klaus H. Kiefer, Gerhard H. Müller,

dem Gleichen hervorgeht, würde formal der undifferenzierten anorganischen Teilung ähneln. Denn es ist bemerkenswert, dass die Pflanze nicht nur ihre Teilung überlebt, sondern sich auch noch auf diese Weise verbreitet. »Was wir Wachstum der Pflanzen nennen, ist nur eine Hervorbringung ihres Gleichen ohne Geschlechts Würkung,« schreibt Goethe. »Durch diese Hervorbringung ihres Gleichen geschieht keine Absonderung wie durch die Zeugung und Geburt.«[77] Sie ist auch nicht das Ergebnis der Begegnung zweier Individuen unterschiedlichen Geschlechts.

Hegel, der Goethe las und in der Botanik seiner Zeit bewandert war, greift die Kontroversen über die Reproduktionsweise der Pflanzen auf, eine Reproduktion, die er insofern als »*Analogon* des Geschlechtsverhältnisses« bezeichnet, als die Elemente, die in dieser Befruchtung in Beziehung gebracht werden, »nicht zwei Individuen [sind]«[78]. Hegel untersucht das Problem des Geschlechts der Pflanzen, das sich bei den eingeschlechtlichen Zweihäusigen, deren männliche und weibliche Blüten unterschiedliche Stämme haben, und bei den Einhäusigen unterschiedlich stellt, deren männliche und weibliche Blüten auf demselben Stamm vereint sind. Nur bei den zweihäusigen Pflanzen sind die Geschlechter in zwei Pflanzen getrennt, die für sich existieren, und nur in Bezug auf sie kann man daher von Befruchtung sprechen. Zu diesen beiden Kategorien kommt diejenige der polygamen Pflanzen hinzu, die Hegel von den Einhäusigen unterscheidet, da sie gleichzeitig Blüten unter-

---

John Neubauer, Peter Schmidt (Hg.), *Sämtliche Werke nach Epochen seines Schaffens.* Münchner Ausgabe Band 3.2. München: Hanser, 1986, S. 370.

77 Johann Wolfgang von Goethe, »Biologie. Einleitung«, in *ebenda,* S. 309.

78 Friedrich Hegel, *Enzyklopädie der philosophischen Wissenschaften.* Werke 9: Zweiter Teil: *Die Naturphilosophie. Mit den mündlichen Zusätzen.* Frankfurt/M.: Suhrkamp, 1970, S. 421.

schiedlichen Geschlechts und zwitterige Blüten tragen. Diese Strukturen sind instabil, denn im Verlauf des Wachstums sind Richtungsänderungen zu beobachten. Manche zweihäusige Pflanzen (zum Beispiel der Hanf) zeigen zunächst die Dispositionen einer weiblichen Pflanze und werden schließlich zur männlichen Pflanze. Diese Unbestimmtheit lässt darauf schließen, dass die Pflanzenwelt dem Prinzip des geschlechtlichen Gegensatzes nicht völlig unterworfen ist. Deshalb weist Hegel die Idee einer Geschlechtsverhältnisses zwischen Pflanzen zurück, die zwei vollständige Individuen voraussetzt, deren geschlechtliche Identität das Ganze bestimmt. Streng genommen, fährt Hegel fort, sind die Pflanzen, einschließlich der Zweihäusigen, daher geschlechtslos.[79]

Kann man also von einer Paarung als solcher sprechen? Die Befruchtung ist sicherlich *wirksam*, wie es das Experiment von Johann G. Gleditsch, Professor der Botanik und Direktor des botanischen Gartens von Berlin, 1749 beweist. Es gelingt ihm, mit dem Pollen der männlichen Pflanze, der aus dem Garten von Ernst G. Bose in Leipzig geschickt wurde, eine weibliche Pflanze zu befruchten, die dreißig Jahre lang geblüht hat, ohne Früchte zu tragen. Aber ist sie *notwendig*?, fragt Hegel. Es gibt eine Reihe von Reproduktionsweisen von Pflanzen, die es erlauben festzuhalten, dass sie das nicht ist. »Da die Knospen ganze Individuen sind, die Pflanzen sich durch Stolonen fortbilden, Blätter, Zweige nur die Erde zu berühren brauchen, um für sich als selbständige Individuen fruchtbar zu sein, so ist bei der Pflanze das Hervorgehen eines neuen Individuums aus der vermittelnden Synthese beider Geschlechter [...] ein Spiel, ein Luxus, etwas Überflüssiges für die Fortpflanzung; denn die Erhaltung der Pflanze ist selbst nur Vervielfältigung ihrer selbst.«[80] Auch ähnelt die Fortpflanzung bei den Pflanzen einem

---

79 Ebenda, S. 422.
80 Ebenda, S. 423.

Verdauungsprozess, bringt sie doch in vielen Fällen ein anderes Individuum hervor. Es reicht der Pflanze nämlich aus, die für ihre Entwicklung notwendigen Ressourcen zu entnehmen, um neue Individuen hervorzubringen: Ihre Geburt ist unmittelbar.

Gewisse Reproduktionsweisen verweisen darauf, in welchem Sinne die Pflanze unbestimmt ist. Sie stirbt nicht an ihrer Teilung, die im Gegenteil neue Pflanzen hervorbringt. Diese Reproduktionsweise ähnelt, so schließt Hegel, der undifferenzierten anorganischen Teilung. »Eine Pflanze ist so eigentlich ein Aggregat einer Menge von Individuen, die ein Individuum ausmachen, dessen Teile aber vollkommen selbständig sind.«[81] Bei den Pflanzen ist die Fortpflanzung sehr häufig Eigenproduktion, und die Pflanze stammt daher von einer identischen ab, die sich vermehrt. Die Erfahrung eines Bruchs, die jede tierische Geburt begleitet, insbesondere die der Säugetiere, die Freud als »auffällige Caesur«[82] bezeichnet, gibt es in der pflanzlichen Welt nicht. »Was wir Wachstum der Pflanzen nennen, ist nur eine Hervorbringung ihres Gleichen ohne Geschlechts Würkung. Durch diese Hervorbringung ihres Gleichen geschieht keine Absonderung wie durch die Zeugung und Geburt,«[83] schreibt Goethe.

Auch Schopenhauer, ein Zeitgenosse von Hegel, liest die Botaniker, deren Fach er in Berlin studiert, um seine Reflexion über die pflanzliche Physiologie zu bereichern: Cuvier (*Histoire des progrès des sciences naturelles depuis 1789 jusqu'à ce jour,* deren erster Band 1826 erschien), Augustin-Pyrame de Candolle (*Théorie élémentaire de la botanique,* 1813), René Desfontaines (*Expériences sur la fécondation artificielle des*

---

81 Ebenda, S. 385.

82 Sigmund Freud, *Hemmung, Symptom und Angst,* in *Gesammelte Werke* Bd. 14. London: Imago Publishing, 1948, S. 111-174, hier 169.

83 Johann Wolfgang von Goethe, »Biologie. Einleitung«, op. cit., S. 309.

plantes, 1831), Henri Dutrochet (*Recherches anatomiques et physiologiques sur la structure intime des animaux et des végétaux, et sur leur motilité,* 1824), Franz Julius Meyen (*Neues System der Pflanzen-Physiologie,* 1838) und andere. Die Frage, ob pflanzliche Bewegungen spontan sind, steht im Zentrum der Debatten. Wie ist diese Tatsache zu verstehen? Cuvier zufolge neigt Henri Dutrochet eher zu spontanen Bewegungen bei den Pflanzen, ohne ihnen jedoch *Sensibilität* zuzusprechen; er spricht stattdessen von *Nervenmotilität.* Was ist Spontaneität, fragt Schopenhauer. Sie ist einerseits eine Manifestation des Willens – eine Illustration davon ist es wert, zitiert zu werden, und stammt aus einem Artikel der *Times* vom 2. Juni 1841: »Am letzten Donnerstage haben, in einer unsrer volkreichsten Gassen, drei oder vier große Pilze eine Heldenthat ganz neuer Art vollbracht, indem sie, in ihrem eifrigen Streben nach dem Durchbruch in die sichtbare Welt, einen großen Pflasterstein herausgehoben haben.«[84] Es gibt zahlreiche Experimente, die darauf abzielen zu verstehen, wie und warum Pflanzen sich bewegen. Gegen mechanistische Erklärungen will Schopenhauer das metaphysische Prinzip des Willens zulassen, das eine omnipräsente und zweckfreie blinde vitale Aktivität verstehbar macht – »jede Kraft in der Natur [ist ein] Wille«[85].

Was ist der Wille? Der Wille ist von diesen Phänomenen und zudem noch von der Vorstellung zu unterscheiden. Sobald die Manifestationen des Willens durch Motive und nicht mehr von reinen Ursachen bestimmt sind, mischt sich die Vorstellung in den Vorgang. Gewöhnlich werden Erscheinungen des Willens für motivierte Handlungen gehalten, weshalb der Wille nur

---

84 Arthur Schopenhauer, *Über den Willen in der Natur*, in *Arthur Schopenhauers sämtliche Werke*, dritter Band. München: R. Piper & Co, 1912, S. 349.

85 Arthur Schopenhauer, *Die Welt als Wille und Vorstellung,* in *Arthur Schopenhauers sämtliche Werke,* erster Band. München: R. Piper & Co, S. 133.

dem Menschen und allenfalls den Tieren zugeschrieben wurde, »weil das Erkennen, das Vorstellen [...] der [...] Charakter der Thierheit ist.«[86] Dennoch, wie gewisse tierische Handlungen zeigen, die keineswegs durch eine Erkenntnis motiviert sein können – der Vogel, der keine Vorstellung von den Eiern hat, wenn er sein Nest baut, ebenso wenig wie die junge Spinne von der Beute, für die sie ein Netz webt, oder die Larve des Hirschkäfers von den Gründen, warum sie das Loch in das Holz bohrt, in dem sich ihre Verwandlung vollziehen wird[87] –, ist das Motiv, das damit eine Art von Vorstellung ist, keine notwendige Bedingung für den Willen. Auch muss der Wille in einem radikal entsubjektivierten Sinne verstanden werden: »Wenn ich daher sagen werde: die Kraft, welche den Stein zur Erde treibt, ist ihrem Wesen nach, an sich und außer aller Vorstellung, Wille; so wird man diesem Satz nicht die tolle Meinung unterlegen, daß der Stein sich nach einem erkannten Motive bewegt, weil im Menschen der Wille also erscheint.«[88] Diese zugegebenermaßen metaphysische Perspektive wurde von den Botanikern nicht erfasst, und Schopenhauer bedauert dies, weil sie in seinen Augen das Verstehen der physiologischen Aktivitäten der Pflanzen ermöglicht. Auch sie sind »befangen [...] in der alten Meinung, daß Bewußtseyn Erforderniß und Bedingung des Willens sei: jenes aber haben die Pflanzen offenbar nicht.«[89]

Diese Erläuterungen zum Wesen des Willens erlauben es, der physiologischen Aktivität der Pflanzen eine vitalistische und nicht-teleologische Bedeutung zuzuschreiben. Diese reagiert nicht auf Motive sondern Reize, die eine Art von Ursache kons-

---

[86] Ebenda, S. 136.

[87] Ebenda (nicht zu sprechen von den Funktionen unseres Körpers wie der Verdauung, der Sekretion, dem Wachstum, der Reproduktion, die auf der folgenden Seite erwähnt werden, die ebenfalls Äußerungen des blinden Willens sind).

[88] Ebenda, S. 126.

[89] Arthur Schopenhauer, *Über den Willen in der Natur*, op. cit., S. 354.

tituieren. Und dieser Wille zeigt sich »noch völlig erkenntnißlos, als finstere treibende Kraft«.[90] Ein »Als-Ob« zeichnet sich angesichts dieser scheinbar motivierten Aktivität ab: »Hingegen sind die Bewegungen des *Hedysarum gyrans* und der *Mimosa pudica*, obwohl noch auf bloße Reize erfolgend, dennoch schon denen auf Motive sehr ähnlich und scheinen fast den Uebergang machen zu wollen.«[91] Sie *scheinen.*

Es ist weder mein Gegenstand noch meine Absicht, hier eine Geschichte der Pflanzenphysiologie vorzulegen. Mit diesen kurzen Bemerkungen wollte ich die Wende markieren, die sich zwischen zwei Betrachtungsweisen des pflanzlichen Lebens vollzieht: jener des Porträts, die sich der diesem Kapitel vorangestellten Unterscheidung von Canguilhem in der Beschreibung und Klassifizierung behauptet, und jener der Architektur, die die Untersuchung von Analogien zwischen den beiden Reichen, dem Pflanzen- und dem Tierreich, anregt. Die Beschreibung öffnet einer Wissenschaft der Formen Tür und Tor, weil die so betrachtete Pflanze dank einer einfachen Beobachtung alles von sich preiszugeben scheint, während die Aufdeckung der Architektur verlangt, die inneren Mechanismen oder Reaktionen auf äußere Stimulationen zu verstehen, nach denen die Bewegungen ihres Lebens ausgerichtet sind. Wie bewegen sich Pflanzen, und letztlich warum? Die Verwechslung der beiden Reiche ist eine Versuchung, die Schopenhauers Vorschlag gewissermaßen austreibt. Denn er widmet ein Kapitel der Pflanzenphysiologie, das sich sehr kenntnisreich über die Arbeiten seiner Zeit zeigt, und wenn er sich auch des Problems der metaphysischen Charakterisierung des pflanzlichen Lebens annimmt, trägt er doch dazu bei, das Wesen dieses Lebens zu klären, das blind und hartnäckig vom Willen angetrieben wird. Mag dieser Vitalismus auch

---

90 Arthur Schopenhauer, *Die Welt als Wille und Vorstellung*, op. cit., S. 178.

91 Ebenda, S. 138.

ein wenig veraltet sein, helfen uns die inneren Unterscheidungen, die Schopenhauer vornimmt – nicht nur zwischen Wille und Vorstellung, sondern zudem bei den Manifestationen des Willens zwischen jenen, die von Ursachen bestimmt werden, und jenen, die von Motiven angetrieben sind – heute dabei, den Status des pflanzlichen Lebens zu klären. Es ist weder durch Erkenntnis noch durch Vorstellung motiviert. Schopenhauer erklärt somit die Gründe unserer reflexhaften Neigung, den Willen anhand des zoo-anthropozentrischen Modells zu denken.

Die zwei Pole des Organischen – die Grammatik des Lebens

Das Leben unserer Vorstellung ist das tierische Leben im weiteren Sinne, das heißt unser Leben. Das Sein, von dem Nietzsche feststellt, wir hätten keine andere Vorstellung davon als die Tatsache zu leben, ist für uns notwendigerweise die sinnliche Erfahrung. Unsere »Blindheit gegenüber Pflanzen«[92] (*plant blindness*) sei durch ihre Unbeweglichkeit, die Gleichförmigkeit ihrer Oberflächen und Texturen, oder auch damit zu erklären, »dass wir für sie keine Beute sind«, eine Haltung, die laut Matthew Hall, dem Autor von *Plants as Persons*, weder natürlich noch unvermeidlich ist. Das Leben als sinnliche Erfahrung,

[92] Matthew Hall, in *Plants as Persons. A Philosophical Botany* (New York: Suny Press, 2011, S. 17), verweist auf das »Phänomen der Blindheit gegenüber Pflanzen [*the phenomena of plant blindness*], das heißt die Tatsache, dass die Menschen die Pflanzen systematisch zugunsten einer spontanen Präferenz für das tierische Leben ignorieren. Diese Blindheit wird von J.-H. Wandersee und E.-E. Schussler in zwei Artikeln klar herausgestellt: »Preventing Plant Blindness«, *American Biology Teacher,* 1999, Nr. 61, S. 84-86, und »Toward a Theory of Plant Blindness«, *Plant Science Bulletin,* 2001, Nr. 47, S 2-9.

dessen wesentliche Züge damit Individuation und Bewegung, Geburt und Tod, eine beschränkte Zeit und ein selbstgewählter Ort sind, sind allerdings Anhaltspunkte, die sich auflösen, sobald man sich darum bemüht, das Leben der Pflanzen zu verstehen. Es stellt eine Grundierung dar, von der sich eigenbewegte Lebensformen abheben wie eine Gestalt vor einem Hintergrund. Es formt eine Umgebung, an die sie anknüpfen und von der sie sich buchstäblich losreißen. Die »Natur,« die im allgemeinen Verständnis mit dem Pflanzlichen gleichgesetzt wird, schließt die Vorstellung einer »ewigen Wiederkehr« ein; sie ist, so Merleau-Ponty weiter, dieser »rätselhafte Gegenstand [...] der nicht völlig Gegenstand ist; sie liegt nicht völlig vor uns. Sie ist unser Boden [...], das, was uns trägt.«[93]

Wie ist eine derartige Vielfalt einem vereinheitlichten Lebensbegriff unterzuordnen? Diese Bemühung kann nur unter der Voraussetzung von Erfolg gekrönt sein, dass die Vorstellung akzeptiert wird, dass leben nicht zunächst denken heißt. Eine radikalere Erfahrung macht uns lebendig, und sie macht die Ähnlichkeit zwischen Tieren und Menschen aus. »In der Erkenntnis des Lebens [...] gibt es ein Bezugszentrum, das man absolut nennen könnte. Nicht, weil ich denke, nicht, weil ich ein Subjekt im transzendentalen Sinne des Begriffs bin, sondern weil ich lebendig bin, muss ich im Leben den Bezugswert des Lebens suchen.«[94] Allerdings denkt Canguilhem, wenn er daran erinnert, dass das Leben nicht zunächst die Anwendung eines Rasters der Verständlichkeit ist, sehr wohl an das tierische Leben, nicht an das pflanzliche. Der Sammelband des Epistemologen zur Erkenntnis des Lebens und der Lebewesen

---

93 Maurice Merleau-Ponty, *Die Natur. Die Natur: Aufzeichnungen von Vorlesungen am Collège de France 1956 – 1960*. Hrsg. und mit Anm. vers. von Dominique Séglard. Aus dem Französischen von Mira Köller. München: Fink, 2000, S. 20.

94 Georges Canguilhem, *Études d'histoire et de philosophie des sciences*, op. cit., S. 352.

enthält – abgesehen von einigen Seiten in der Studie bezüglich dem Einzigartigen und der Einzigartigkeit in der biologischen Epistemologie – keinen einzigen Text über Pflanzen. Der Band, der unter dem Titel *Die Erkenntnis des Lebens* erschienen ist, weist keinen einzigen auf, und weder in seinen gesammelten Werken noch in seinen Archiven[95] – abgesehen vom Vorwort zum *Second Règne de la nature* von François Delaporte – finden sich Arbeiten, deren Schwerpunkt das pflanzliche Leben wäre. Auch wenn es Spezies gibt, die einen Fuß in jedem der beiden Reiche haben – zum Beispiel der Süßwasserpolyp, der wegen seiner Reproduktionsweise durch Sprossung und seiner potentiellen Unsterblichkeit den Pflanzen ähnlich ist – besteht zwischen Pflanzen- und Tierleben kein Kontinuum. Canguilhem fasst in einem Archiv zur Vorbereitung auf eine Vorlesung zur Individualität die Unterschiede zusammen, die durch die zweideutigen Fälle ungültig werden: »1. Einzeller: weder Sexualität noch Sterblichkeit des Individuums, noch Leichen. Fortpflanzung durch Teilung. Verwechslung von Individuum und Abstammungslinie. 2. Metazoen. Kann bei den Hohltieren genauso sein (Trembleys Hydren). Fortpflanzung der Tiere durch Sprossung. Gemeinsame Eigenschaft: ortsfestes oder parasitäres Leben. 3. Pflanzen. Selbst bei Samenpflanzen (Phanerogamen) können Stücke abgetrennt und direkt ausgehend vom Fragment regeneriert werden. Stecklingsvermehrung (Kartoffel = Steckling). Pfropfung (Beispiel der Pyramidenpappel). Pflanze = ortsfestes Lebewesen.«[96] Er schließt daraus, dass Individualität den Bruch mit der Umgebung vorrausetzt, von dem

---

[95] Die Archive von Georges Canguilhem werden im Caphès (Centre d'archives en philosophie, histoire et édition des sciences) an der École normale supérieure aufbewahrt. Für die Durchsicht der Texte der *Œuvres complètes* und die Konsultation der Archive danke ich Pierre-Yves Quiviger bzw. Nathalie Queyroux.

[96] Archiv Georges Canguilhem, Caphès; Karton 10, Toulouse, 1937–1941, 6, »Qu'est-ce que l'individualité ?« (1938).

die Bewegung zeugt, und den Bruch mit der Abstammungslinie, von dem die Sexualität zeugt.

Reine Empirie kann dem konzeptualisierenden Denken keinen Rahmen vorgeben. Abstufung, die sich manchmal auf der empirischen Ebene feststellen lässt, als Leitlinie zu nehmen, läuft Gefahr, in Ununterscheidbarkeit zu enden. Die empirische Beobachtung darf die konzeptuelle Arbeit nicht verhindern, die abteilt und unterscheidet. Lesen wir zu diesem Punkt Plessner: »Pflanze und Tier lassen sich nicht nach empirischen Merkmalen wesensmäßig unterscheiden. Ihre Differenz ist in voller Realität ideell. [...] Im Empirischen kann man die Grenzlinie zwischen dem pflanzlichen und dem tierischen Reich nicht finden; hier gibt es Übergänge neben den ausgesprochenen Formen. Die Einheit des Lebens, wie sie sich in durchgängiger Verwandtschaft der lebensnotwendigen Vorgänge äußert, macht den Artunterschied pflanzlicher und tierischer Existenz empirisch zu einem Gradunterschied.«[97]

Sicher finden sich Tiere ohne ausgebildetes Zentrum und Pflanzen, die keine anorganischen Substanzen assimilieren können, also Wesen, die vom bloßen empirischen Standpunkt aus die Kategorien außer Kraft setzen, die die »Bipolarität der organischen Welt«[98] ordnen. Doch diese Bipolarität verhindert nicht Übergänge von einem Extrem zum anderen, ebenso wie »es die Extremität von Rot und Blau im sichtbaren Spektrum nicht aufhebt, daß Orange, Gelb, Grün und Purpur sie stetig vermitteln. *Eigenschaften, die nur dem Tier oder der Pflanze vorbehalten wären, gibt es nicht, so daß man auf Eigenschaften ihren Wesensunterschied nicht gründen kann.*«[99] Ebenso notiert Bergson, »dass keine bestimmte Eigenschaft die Pflanze

---

[97] Helmuth Plessner, *Die Stufen des Organischen und der Mensch,* op. cit., S. 301.

[98] Ebenda.

[99] Ebenda, Hervorhebung F. B.

vom Tier unterscheidet.«[100] Versuche, die beiden Reiche streng auseinanderzuhalten, sind jedes Mal gescheitert, weil man »nicht eine Eigenschaft pflanzlichen Lebens [...] nicht in einem bestimmten Grade bei bestimmten Tieren wiedergefunden hätte,« ebenso wie es schwer fallen würde, einen tierischen Zug zu finden, der nicht »bei bestimmten Arten oder in bestimmten Momenten im Reich der Pflanzen«[101] zu beobachten ist. So lässt sich der Unterschied nur in den »Proportionen« halten, und man muss sich hüten, sich der lebendigen Welt mit den definitorischen Werkzeugen des Mathematikers oder Physikers zu nähern. »Kurz, *die Gruppe würde sich nicht mehr durch den Besitz bestimmter Eigenschaften definieren, sondern durch ihre Tendenz, sie auszuprägen.*«[102]

Diese Akzentuierung führt zu einer Divergenz zwischen Pflanzen und Tieren. Zum Beispiel entnehmen die Pflanzen ihre Nahrung direkt der Luft, der Erde und dem Wasser, während die Tiere sich von organischen Substanzen ernähren, »so daß es letztlich immer die Pflanze ist, die das Tier ernährt«[103]. Die Pflanze »lebt, indem sie im Licht wächst,«[104] bemerkt Canguilhem. Diese unmittelbare Art, sich zu ernähren, geht mit einem ortsfesten Leben einher. Ein Tier ist dagegen gezwungen, sich fortzubewegen, um sich zu holen, was ihm fehlt. Diese Unabhängigkeit in Bezug auf die Umgebung eröffnet ihm im Grunde unendlich viele neue Räume, die wahrgenommen, bewertet, gewählt werden. Gar nicht zu reden von der Prädation, die durch die Handlung des Tötens eines quasi Gleichen gewisser-

---

[100] Henri Bergson, *Schöpferische Evolution.* Aus dem Französischen von Margarethe Drewsen. Hamburg: Meiner, 2013, S. 127.

[101] Ebenda.

[102] Ebenda, S. 127-128.

[103] Ebenda, S. 128.

[104] Georges Canguilhem, »Das Problem der Regulation im Organismus und in der Gesellschaft«, in ders., *Schriften zur Medizin.* Mit einem Nachwort von Michael Hanger. Zürich/Berlin: diaphanes, 2013, S. 111.

maßen zu einem Prozess der Verdinglichung dieses quasi Gleichen führt. Pilze, die sich nicht wie Pflanzen ernähren, da sie von organischen Stoffen leben (sie werden einem separaten Reich zugeordnet), stellen eine der Ausnahmen dar, die die empirische Beobachtung liefert. Wovon sich ein Lebewesen ernährt und die Wege, wie es sich diese Nahrung verschafft, sind wiederum nicht bloß formale Details. Diese Wege gestalten jedes Mal eine bestimmte Art von Beziehung zur Umgebung.

Ebenso können Ortsfestigkeit und Mobilität isoliert und allein aus dem empirischen Blickwinkel betrachtet keine Demarkationslinie bilden, da Fälle von ortsfesten Tieren und kletternden Pflanzen existieren. Es handelt sich allerdings immer nur um Grenzfälle: keine Pflanze bewegt sich wie die Tiere, die einen Ort für einen anderen verlassen, und das aus Anlässen, die keine Ursachen sind; und die Bewegungen, die bei Pflanzen vorkommen können, betreffen meist nur einen Teil des Organismus. »Kurz:« schließt Bergson, »Auch wenn sowohl in der Pflanzen- als auch in der Tierwelt Bewegungsfähigkeit und Unbeweglichkeit nebeneinander koexistieren, so ist doch das Gleichgewicht sehr deutlich einmal zugunsten der Unbeweglichkeit und einmal zugunsten der Bewegungsfähigkeit verschoben.«[105] Diese beiden »gegensätzlichen Tendenzen«[106] kennzeichnen die Divergenz zwischen den beiden Reichen, denn die Bewegungsfähigkeit führt zum bewussten Leben. »Zwischen Bewegungsfähigkeit und Bewußtsein besteht ein offensichtlicher Zusammenhang«[107] – mehr als zwischen dem Vorhandensein eines Nervensystems und dem Bewusstseinsgrad; daher wäre es »genauso absurd, einem Tier das Bewußtsein abzuspre-

---

[105] Henri Bergson, *Schöpferische Evolution,* op. cit., S. 131.
[106] Ebenda.
[107] Ebenda, S. 132.

chen, weil es kein Gehirn hat, wie zu behaupten, es könne sich nicht ernähren, weil es keinen Magen besitzt.«[108]

Die Freiheit in der Natur, die der Philosoph aufzeigt – »der bescheidenste Organismus [ist] in dem Maße bewußt [...], in dem er sich *frei* bewegt«[109] –, beruht auf der spontanen Bewegung. Auch ein panpsychischer Ansatz hätte den Preis einer Metapher von Schlaf und Wachzustand: bei Tieren, »die zu bewegungslosen Parasiten degenerieren« »versinkt« das Bewusstsein »im Schlaf« und »erwacht« bei Pflanzen, die »die Freiheit ihrer Bewegungen zurückerobert haben«[110], doch diese beiden Pole, Bewusstsein und Unbewusstheit, bleiben nichtsdestotrotz Bergson zufolge der Punkt, an dem die beiden Reiche sich scheiden. Diese Bipolarität denkt Schopenhauer einerseits als Wille, andererseits als Vorstellung. Der Wille ist hier nicht derjenige eines auf eigene Faust in einer Richtung handelnden Subjekts, die es sich selbst gibt – er ist frei von Apperzeption, aber der Ausdruck des Lebenstriebs, von dem Kletterpflanzen einen »deutlichen Beleg«[111] liefern. Ein empirischer Gradualismus, dessen Grundlage die Analogie ist, beeinträchtigt jedoch die wesentlichen Unterteilungen nicht. Zitieren wir Schopenhauer ein wenig ausführlicher: »[...] die unorganische Natur, als bei welcher durchaus keine Spur von Bewußtseyn der Außenwelt vorhanden ist. Steine, Blöcke, Eisschollen, auch wenn sie aufeinander fallen [...] haben kein Bewußtseyn von einander und von einer Außenwelt. Jedoch erfahren auch sie schon eine Einwirkung von außen, [...] die man demnach als den ersten Schritt zum Bewußtseyn betrachten kann. Obgleich nun auch die Pflanzen noch kein Bewußtseyn der Außenwelt haben [...]; so sehn wir sie doch alle das Licht suchen [...]

---

108 Ebenda.
109 Ebenda, S. 133.
110 Ebenda.
111 Arthur Schopenhauer, *Über den Willen in der Natur*, op. cit., S. 59.

unstreitig also ist schon eine Verbindung und Verhältniß zwischen ihrer […] Umgebung und ihren Bewegungen vorhanden, welches wir demnach als ein schwaches Analogon der Perception ansprechen müssen. Mit der Thierheit allererst tritt entschiedene Perception […] ein. Hierin eben besteht der Charakter der Thierheit, im Gegensatz der Pflanzen-Natur.«[112]

Heben wir abschließend hervor, wie wichtig für die epistemologische Diskussion die Klärung der Rolle und des Status der empirischen Merkmale ist. Von einem empirischen Standpunkt aus betrachtet, haben diese Merkmale nämlich empirischen Status: *Es gibt* Bewegungen, Empfindungen, Wahrnehmungen, die sozusagen an sich existieren; es ist daher möglich, sie von außen zu beschreiben, als handele es sich um Tatsachen. Hierin liegt der Fehler der empiristischen Philosophie. Die spontane Bewegung, die für das Zeichen einer ontologischen Zäsur gehalten wird, ist kein solches Merkmal; sie impliziert ein *a priori* einer Korrelation zwischen dem sich bewegenden Subjekt und dem angestrebten und so konstituierten Ort. Kurz, sie impliziert ein transzendentales *Ich*.

Ein großer Teil der Diskussion und der Missverständnisse, die diese prägen, beruht auf der Vorstellung, es reiche aus, in einem pflanzlichen Organismus ein tierisches Merkmal auszumachen, um ihn aus seiner Kategorie zu entfernen und ihn in die andere Kategorie zu stellen. Allerdings *sagen* empirische Merkmale *einzeln genommen* unter dem analytischen Blick *nichts aus*, erlauben es nie, die ontologische Frage zu entscheiden. Nur die Struktur formt diese Merkmale, das heißt die Beziehungen, die sie miteinander unterhalten, die dem Ganzen eine Bedeutung verleihen. Keines der Elemente eines Organismus existiert für sich; die Struktur ist nicht die Summe von Kennzeichen, die man aus dem Ganzen heraustrennen kann, um sie isoliert zu

---

[112] Ebenda, S. 70f.

betrachten. Der Organismus ist eben diese Struktur und keine Summe von Teilen. Jeder analytische Zugang, der diese Struktur in eine Menge von Elementen aufspaltet, die ihn bilden, zerstört sie; auch verstellt er zugleich jede Möglichkeit, diesen Organismus zu verstehen. Dieser ist gleichzeitig Zweck und Mittel, Ursache und Wirkung seiner selbst, wie Kant festgestellt hat.[113] Kein empirisches Merkmal kann isoliert genommen und als Moment der Wahrheit dessen angeführt werden, was ein Organismus ist. Eine Argumentation, die diesen Standpunkt einnimmt, ist epistemologisch und ontologisch gegenstandslos.

Übereinstimmung zwischen Pflanzen und Tieren – die Frage der Empfindungsfähigkeit

Die Übereinstimmung zwischen Pflanzen und Tieren wurde durch zwei gegenläufige epistemologische Optionen möglich. Die erste besteht in einer reduktionistischen Lesart der Begriffe Wahrnehmung, Verhalten, Intelligenz, Empfindungsfähigkeit. Die Dichte der *gelebten Erfahrung* beim Verstehen etwa der Empfindungsfähigkeit zugunsten einer physikalistischen Erklärung zu ignorieren, öffnet natürlich der Homologie Tür und Tor. Die zweite Option besteht darin, der Pflanzenwelt die Neigungen und Fähigkeiten zuzuschreiben, die Menschen und Tiere haben. Sie erlaubt wiederum den Übergang zur Gleichsetzung. So bedauert zum Beispiel Monica Gagliano, dass die reduktionistische Definition des Verhaltens als »Reaktion eines Individuums auf die Reize der Umgebung im Laufe des Lebens« verhindere, sich Fragen bezüglich des »Handlungsbewusstseins

---

[113] Immanuel Kant, *Kritik der Urteilskraft.* Leipzig: Meiner, 1922: § 65 *Dinge als Naturzwecke sind organisierte Wesen;* § 66 *Vom Prinzip der Beurteilung der inneren Zweckmäßigkeit in organisierten Wesen,* S. 235-240.

der Pflanzen« zu stellen und sie auf ein »instinktives, vorherbestimmtes und stereotypisiertes« Leben reduziert. Die Autorin führt die theoretischen Hindernisse an, die experimentelle Versuche einschränken, die »Verhaltens-/Kognitionsphänomene bei den Pflanzen«[114] beweisen könnten. In *L'Herbier des philosophes* widmet Jean-Marc Drouin einen Abschnitt der »unwahrscheinlichen Empfindungsfähigkeit« der Pflanzen, und ich kann ihm nur zustimmen. »Wenn man also der Pflanze zwar eine neu definierte und auseinandergerissene Form von Individualität einräumen kann, scheint es dagegen selbstverständlich, ihr jede Subjektivität abzusprechen. Denn wie kann man eine Subjektivität annehmen, wo sich kein Bewusstsein, ja nicht einmal Sensibilität zeigt? Und wie sollten sie sich in einem Organismus zeigen, der offensichtlich keine Bewegungsmöglichkeit hat?«[115] Auf der Grundlage einerseits der aristotelischen Trennung zwischen Tieren, die mit einer empfindungsfähigen und einer vegetativen Seele ausgestattet sind, und den Pflanzen, die nur letzteres sind,[116] und andererseits der Seiten von Bergson, die wir näher betrachtet haben, verbindet Jean-Marc Drouin seinerseits die Abwesenheit von Bewusstsein mit der Immobilität.

Zeitgenössische Wissenschaftler bringen die Empfindungsfähigkeit der Pflanzen zur Sprache und definieren sie. In welchen Begriffen? Für die Biologen Catherine Lenne und Bruno Moulia und für den Philosophen Olivier Bodeau, die gemeinsam mehrere Artikel verfasst haben, liegt sie in der »Fähigkeit, diverse Reize wahrzunehmen«[117]. Diese Definition, die man für

---

[114] Monica Gagliano, »In a green frame of mind: perspectives on the behavioural ecology and cognitive nature of plants,« *AoB Plants Vol.* 7:2015, plu075. http://Aobpla.oxfordjournals.org/content/7/plu075.full.pdf

[115] Jean-Marc Drouin, *L'Herbier des philosophes,* op. cit., S. 195.

[116] Aristoteles, *Von der Seele,* Buch II, § 3, 414b bis 416b.

[117] Catherine Lenne, Olivier Bodeau, Bruno Moulia, »Et pourtant elles

einwandfrei halten mag, also für nicht verdächtig, die Grenze zu überschreiten, die die pflanzliche Lebensweise nicht zu durchbrechen erlaubt, wirft meiner Meinung nach mehr Probleme auf als sie löst, da sie sich auf die Wahrnehmung beruft. Sie ist eine Mise en abyme, die, indem sie das Problem verschiebt, es umso größer macht, da die Wahrnehmung einem mechanistischen Zugang gegenüber noch weniger offen ist als die Empfindungsfähigkeit. Als Phänomenologe – zugegeben in einer Perspektive, die nicht derjenigen entspricht, die er später in *Das Sichtbare und das Unsichtbare* entwirft, wo das »Fleisch der Welt« die Unterscheidung zwischen Subjekt und Objekt in den Hintergrund drängt – erinnert Merleau-Ponty daran, dass »mein Auge [...] für mich ein gewisses Vermögen des Zugangs zu den Dingen [ist], nicht ein Schirm, auf den sie sich projizierten.«[118] Denn ist Wahrnehmung ohne wahrnehmendes Subjekt möglich? Ist Wahrnehmung nicht eine Bedeutungsbeziehung zwischen einem sehenden Subjekt und einem gesehenen Objekt? Dieser Definition wäre ihr allzu transzendentaler Charakter vorzuwerfen, insofern, als bei mehreren Philosophen auch die Vorstellung einer Wahrnehmung ohne einigendes Subjekt zu finden ist. Denken wir zum Beispiel an die »*petites perceptions*« bei Leibniz, die per definitionem apperzeptions- und reflexionslos[119] sind, die aber, einmal vereint, einen klaren Verbund bilden. Dennoch ist hier die Gratwanderung im Gebrauch bestimmter Begriffe zu betonen.

---

bougent!«, *Pour la science. Hors-série,* November–Dezember 2018, S. 17.

[118] Maurice Merleau-Ponty, *Phänomenologie der Wahrnehmung.* Aus dem Französischen übersetzt und eingeführt durch eine Vorrede von Rudolf Boehm. Berlin: de Gruyter, 1966, S. 324.

[119] Gottfried Wilhelm Leibniz, *Nouveaux Essais sur l'entendement humain* (1703-5), *Préface,* in: *Sämtliche Schriften und Briefe* Bd. VI.6, Berlin 1990, 54 f.

Jacques Tassin legt eine Definition der Empfindungsfähigkeit vor, die sich ebenfalls auf die Wahrnehmung beruft, wenn er die pflanzliche Sensibilität folgendermaßen definiert: »Fähigkeit der Pflanze oder ihrer grundlegenden Individualitäten, ein Merkmal ihrer Umgebung wahrzunehmen, sie in ein Signal zu übertragen und ihm mit einer Kaskade von molekularen Reaktionen zu begegnen, die zu einer Modulation ihrer biologischen Aktivität führen, und sei sie auch noch so winzig«[120]. Hier wird sichtbar, wie sehr Begriffe fehlen, die für die Beschreibung dieser Prozesse geeignet wären, denn Tassin ist keineswegs der Zoomorphisierung oder der Anthropomorphisierung verdächtig. Er ist zudem zuvor sorgfältig darum bemüht, der Pflanze »eine Wahrnehmungsfähigkeit im psychologischen Sinne« abzusprechen, »die einen elementaren Bewusstseinsstand voraussetzen würde und darauf hinausliefe, diese Wahrnehmung einer Empfindung gleichzusetzen«[121]. Er präzisiert, dass das Empfindende nicht unbedingt die Einheit der Pflanze ist, eine Einheit, die häufig unauffindbar ist, sondern bestimmte ihrer Teile. Welche Begriffe können wir mobilisieren, wenn diejenigen, über die wir verfügen, dem Pflanzenleben nicht angemessen sind und wir keine anderen haben?

Diese Schwierigkeit veranlasst Wissenschaftler dazu, eine physikalistische Definition von Begriffen zu übernehmen, deren Inhalt allerdings äußerst subjektiv ist. Auf ihrer Seite könnte man die Analyse von Simondon einordnen, der sich in einem Kapitel, das er der »Sensibilität als Wahrnehmungsebene« widmet, auf »die Sensibilität und die reflexartigen Reaktionen bei den Pflanzen« bezieht.[122] Ganz aristotelisch – Simondon

---

[120] Jacques Tassin, *À quoi pensent les plantes?* Paris: Odile Jacob, 2016, S. 45.

[121] Ebenda.

[122] Gilbert Simondon, *Communication et information. Cours et conférences.* Herausgegeben von Nathalie Simondon und eingeleitet von Jean-Yves Château. Chatou: La Transparance, »Philosophie«, 2010, S. 199.

legt die »Ortsveränderung, die den Tieren eigen ist,« nicht auf das »ausgerichtete Wachstum der Pflanzen«[123] um und geht davon aus, dass, wenn die »niedrigen Organismen auf physische Einwirkungen mit einer Aktivität reagieren«, es »sich bei entwickelteren Organismen nicht so verhält«[124] – spricht er in Bezug auf reflexartige Reaktionen von einem »System Wahrnehmung–Reaktion«[125]. Das Auge wird bei ihm zu einem Organ, das sich reflexhaft verhält, das heißt wie ein niedriger Organismus, sodass das »höhere Lebewesen in seinem Wahrnehmungssystem die Struktur von niedrigen Lebewesen integriert,«[126] wodurch eine bestimmte Ebene möglich wird, die man als Infra-Wahrnehmung bezeichnen könnte. Diese Darstellung nährt die Perspektive einer »dialektischen Vorstellung vom Leben,«[127] das graduell an Komplexität zunimmt. Schopenhauer bemerkte bereits, dass es unpassend sei zu sagen, dass Pflanzen tatsächlich Licht und Sonne wahrnehmen, sondern dass wir an der Art, wie sie sich ausrichten, um sie zu suchen oder sich von ihnen abzuwenden, erleben, dass sie je nach ihrem Vorhandensein oder ihrer Abwesenheit unterschiedlich reagieren.[128]

Um die Quellen einer physikalistischen Definition der Empfindungsfähigkeit zu identifizieren, dürfen wir uns weder ihrer philosophischen noch ihrer zeitgenössischen Bedeutung zuwenden. Was sagen die Wörterbücher? In jenem des 19. und

---

[123] Ebenda, S. 201
[124] Ebenda, S. 214.
[125] Ebenda, S. 209.
[126] Ebenda, S. 215.
[127] Ebenda, S. 214.
[128] Arthur Schopenhauer, *Über den Willen in der Natur*, op. cit., S. 64: »Wir können nicht sagen, daß die Pflanzen Licht und Sonne eigentlich wahrnehmen: allein wir sehn, daß sie die Gegenwart oder Abwesenheit derselben verschiedentlich spüren, daß sie sich nach ihnen neigen und wenden.«

20. Jahrhunderts, dem *Trésor de la langue française,* wird Sensibilität zunächst im »physischen Bereich« definiert, als »Eigenschaft der lebenden Materie, aus bestimmte Weise auf die Wirkung von bestimmten inneren oder äußeren Einwirkungen zu reagieren«. Diese Definition, bei der man sich fragen kann, ob sie nicht vielmehr der Reizbarkeit entspricht, gibt jenen Recht, die einen mechanistischen Zugang vorschlagen: Eine äußere oder innere Einwirkung lässt die lebende Materie reagieren. Die Wahrnehmung wird nicht erwähnt. Wir haben es hier mit einer rein konstatierenden (nicht erklärenden) Definition zu tun. In demselben Eintrag wird Sensibilität in zweiter Linie definiert als »Eigenschaft höherer Lebewesen, über die Vermittlung eines Nervensystems und differenzierter und spezialisierter Rezeptoren Empfindungen zu fühlen, Informationen über Veränderungen der äußeren Umwelt oder ihres inneren Milieus zu erhalten und darauf spezifisch und angemessen zu reagieren«. Diese Bedeutung gewährt den Sinnesempfindungen und damit dem subjektiven Leben Raum, denn eine Empfindung wird notwendigerweise verspürt, also erlebt. Diese Definition führt zudem einen Verweis auf bestimmte biologische Strukturen ein, die nicht der Pflanzenwelt angehören. Die oben erwähnten Autoren beziehen ihre Quellen also nicht aus dieser Bedeutung der Sensibilität. Im *Littré,* der dem *Trésor de la langue française* vorausgeht, fehlt die physikalistische Bedeutung. Sensibilität wird hier von vorneherein als »Eigenschaft des Empfindens, das heißt [der] Eigenschaft, die bestimmten Teilen des Nervensystems zukommt, durch die Mensch und Tiere Eindrücke wahrnehmen, die entweder durch äußere Objekte oder im Inneren entstehen«, verstanden. So bewirkt die Sensibilität die Trennung zwischen Mensch und Tieren einerseits und den Pflanzen andererseits. Das Nervensystem auf biologischer Ebene und die Wahrnehmung auf subjektiver Ebene sind deren Marker. Als 2015 beschlossen wurde, das Tier im französischen *Code Civil*

anders zu definieren als durch das extrinsische Kriterium seines Status als Gegenstand, den man besitzen kann (oder auch als Mobilie), beschrieb der Gesetzgeber es im Übrigen als »mit Empfindungsfähigkeit begabtes Lebewesen.«[129] Die axiologische Tragweite dieser verpflichtenden Eigenschaft, die von Rousseau so klar ausgesprochen wurde, ist wohl oder übel der Horizont dieses Gesetzesartikels. »[W]enn ich verpflichtet bin, meinesgleichen keinerlei Leid zuzufügen, [gilt] dies weniger, weil er ein vernünftiges Wesen ist, als deshalb, weil er ein empfindendes Wesen ist: eine Eigenschaft, die dem Tier und dem Menschen gemeinsam ist und die daher wenigstens dem einen das Recht geben muß, nicht unnötigerweise von dem anderen mißhandelt zu werden.«[130] Weil ein empfindendes Wesen ein Wesen ist, das unmittelbar erlebt, was ihm geschieht, weil es nicht seine Nerven oder seine Knochen sind, denen die Verwundung Schmerzen bereitet, sondern es selbst, ist das empfindende Leben ein subjektives Leben. Die Empfindungsfähigkeit besteht nur in gelebten Erfahrungen.

Schein, Wirklichkeit und »Als-Ob« – das Problem der Bedeutung

Die eben dargestellten epistemologischen Schwierigkeiten rund um die Empfindungsfähigkeit verweisen auf ein Problem, das Frederik Buytendijk bezüglich der vergleichenden Psychologie gleich zu Anfang anspricht. Es ist das Problem der Unterschei-

---

[129] Code Civil, Buch II, Art. 515-14: »Tiere sind mit Empfindungsfähigkeit begabte Lebewesen. Vorbehaltlich der Gesetze zu ihrem Schutz unterliegen Tiere der Regelung der Güter.«

[130] Jean-Jacques Rousseau, *Abhandlung über den Ursprung und die Grundlagen der Ungleichheit unter den Menschen.* Aus dem Französischen übersetzt und herausgegeben von Philipp Rippel. Stuttgart: Reclam, 2010, S. 27.

dung zwischen *Schein* und *Wirklichkeit*[131]*:* das Problem der Bedeutung. Zur Entwicklung dieses Problems stützt sich Buytendijk auf folgendes Beispiel: Ist es möglich, angesichts der Ähnlichkeit der Pflege, die Säugetiere oder Vögel ihren Jungen angedeihen lassen, mit der Fürsorge einer menschlichen Mutter für ihre Kinder, in beiden Fällen von Mutterliebe als *Bedeutung* dieser Bemühungen sprechen? »Versteht man das Benehmen der menschlichen Mutter als den Ausdruck einer wirklichen (echten) Liebe, so fragt es sich, ob das Tun des Tieres nur *scheinbare* Liebe ausdrückt.«[132] Morgans Kanon, Ockhams Rasiermesser unter den Verhaltensforschern, der fordert, nichts über höhere Prozesse zu interpretieren, was auch mit einem niedrigerem Prozess zu erklären wäre, ist die Devise eines Teils der Vertreter dieser Disziplin. Ihre Vorschläge wetteifern daher in ihrer Kargheit, obwohl sich mit dem Tierleben das Feld der gelebten Erfahrung und damit der subjektiven Innerlichkeit auftut. Die systematische Anwendung dieser inter-theoretischen Verkürzung ist der Glaubenssatz des Reduktionismus. Ist es notwendig, in Bezug auf die Pflanzenwelt reduktionistisch zu sein? Mir scheint, die Frage stellt sich so nicht, insofern, als real nichts dazu auffordert und in Wahrheit nichts erlaubt, das Pflanzenleben als bewusstes Leben zu beschreiben. *Es gibt keine Pflanzenpsychologie, weil es keine pflanzliche Psyche gibt.*[133]

---

131 Frederik Buytendijk, *Mensch und Tier. Ein Beitrag zur vergleichenden Psychologie.* Hamburg: Rowohlt, 1958, S. 7.

132 Ebenda.

133 George Canguilhem unterscheidet die Psychologie in der Antike als Naturwissenschaft, in der die Seele ein natürlicher Gegenstand ist – Aristoteles‘ Abhandlung *Über die Seele* »ist in Wirklichkeit eine Abhandlung der allgemeinen Biologie« – von der Psychologie als Wissenschaft der Subjektivität, die der Niedergang der aristotelischen Physik im 17. Jahrhundert besiegelt (vgl. *Études d'histoire et de philosophie des sciences*, op. cit., S. 368-375). Wir sprechen hier natürlich von der Psychologie im zweiten Sinne.

Nehmen wir den Fall der reflexartigen Reaktionen, um die epistemologische Frage von Anschein und Realität zu vertiefen. Heute grenzt man Heliotropismus (Bewegung in Verbindung mit der Sonnenbahn), Phototropismus (durch Lichtreiz hervorgerufene Bewegung), Gravitropismus (Bewegung in Verbindung mit einer Art von Wahrnehmung der Vertikalität) und Thigmotropismus (Bewegung durch taktile Stimulation) voneinander ab, die sich von nicht zielgerichteten Bewegungen unterscheiden, den Nastien, die durch Licht, eine bestimmte Umgebungstemperatur (Photonastie, Thermonastie) oder einen Kontakt (Thigmonastie)[134] ausgelöst werden können. Die letztgenannte Reaktion ist die bekannteste, denn die Mimose (*Mimosa pudica*) war ebenso wie die fleischfressenden Pflanzen ein Gegenstand der Faszination für Botaniker, und sie sind bereits seit Langem beschrieben. Diese Pflanzen scheinen tatsächlich in der Pflanzenwelt, die sich nicht von organischer Materie ernährt, eine Ausnahme darzustellen. Die Insektivoren, merkte Bergson an, sind nicht wirklich die Ausnahme der Regel, da sie sich ebenso wie alle anderen Pflanzen über ihre Wurzeln ernähren und über ihre grünen Bestandteile Kohlenstoff binden.[135] Im Gegensatz zur gängigen Vorstellung schließt sich nicht die Blume wie ein Maul über dem Insekt, sondern die Blätter, deren klebrige Substanz es, wenn es sich daraufsetzt, in die Falle lockt, bevor sie sich über ihm schließen, ein Prozess, der eine bis mehrere Stunden dauert. Bergson hat bereits

---

[134] Siehe Catherine Lenne, Olivier Bodeau und Bruno Moulia, »Percevoir et bouger: les plantes aussi!«, *Pour la science* 348, April 2014, S. 40-47 ; sowie dieselben, »Et pourtant elles bougent!«, op. cit., S. 17-23.

[135] Bergson führt weiter aus: »Die Fähigkeit, Insekten zu fangen, sie zu absorbieren und zu verdauen, ist eine Fähigkeit, die erst spät und in absoluten Ausnahefällen bei ihnen aufgetreten sein muß, dort, wo der zu nährstoffarme Boden ihnen nicht genügend Nahrung bot.« (Henri Bergson, *Schöpferische Evolution*, op. cit., S. 129).

verstanden, dass es an den unzureichenden Nährstoffen in den torfigen Regionen liegt, in denen sie wachsen, dass diese Pflanzen den Biologen zufolge die niedrigen Stickstoffmengen kompensieren, die ihnen diese Umgebung bietet, indem sie Insekten fangen, deren Weichteile sie verarbeiten.

Hinsichtlich des Phototropismus wird dieser stets als die Tatsache erwähnt, die dazu tendiert, gewisse Unterscheidungen zwischen Pflanzen und Tieren zu verwischen. Auch Hans Jonas interessiert sich für diese kurzfristige Bewegung, die durch ein »äußeres Agens« ausgelöst wird: »In jeder gegebenen Phase verläuft sie nur in eine Richtung« und jede Richtungsänderung ist »reaktiv«[136]. Dieselbe Feststellung gilt, so Jonas weiter, für Blüten, die sich öffnen und wieder schließen, ebenso wie für insektenfressende Pflanzen, obwohl die starke äußere Ähnlichkeit mit der tierischen Bewegung uns täuscht: die Mechanik von Einfangen und Verdauung. Wie sich die Blätter der Venusfliegenfalle, deren Borsten von der Beute stimuliert werden, über ihr schließen und dabei ihre »gezähnten Kanten« aneinanderfügen, ist dennoch, so Jonas weiter, »eine lokale Reaktion auf eine lokale Stimulation« und nicht das Ergebnis einer »zentralen Kontrolle«. Die Unterscheidung zwischen diesen beiden Bewegungsarten, und damit der Unterschied in ihrer Bedeutung, wird offensichtlich, wenn man fragt: »Kann die Pflanze diese Blätter schließen und öffnen? Das Tier kann seine Kiefer nach eigenem Ermessen schließen und öffnen, wenn es dazu Lust hat – um zu kauen, zu gähnen, oder einfach, um diese

---

136 Hans Jonas, »Biological foundations of individuality«, *International Philosophical Quarterly,* Vol. 8(2), Juni 1968, S. 231-251, neu herausgegeben in: Dietrich Böhler et al. (Hg.), *Kritische Gesamtausgabe der Werke von Hans Jonas,* Band II/3, *Leben und Organismus. Life and Organism.* Freiburg i. Br.: Rombach, 2016, S. 583-606, Zitat FN S. 604.

Fähigkeit zu üben – und es kann jede laufende Bewegung stoppen und umkehren.«[137]

Halten wir fest, dass die Bewegungen von Pflanzen von der Umwelt bestimmt sind; sie *entscheiden* nicht, in diese oder jene Richtung anstatt in eine andere zu gehen – dies ist ein Anschein –, sondern in Wirklichkeit reagieren sie auf eine Bandbreite an Reizen und werden damit von vielfältigen Bewegungen angetrieben. Ebenso sind die Myzeliennetze, die zur Ernährung der Pflanzen beitragen und eine entscheidende Rolle in ihrer Entwicklung spielen, ihnen gegenüber nicht altruistisch oder wohlmeinend. Die Ablehnung jedes Anthropomorphismus, den die radikale Alterität der Pflanzen im Hinblick auf das tierische Leben erfordert, ist weit davon entfernt, die Quelle der Reflexion über das Wesen der Pflanzen versiegen zu lassen, sondern eröffnet im Gegenteil einen Raum des Verständnisses, der jeden Versuch scheitern lässt, das Leben der Pflanzen in die Gemeinschaft der fühlenden Wesen einzugliedern.

Gibt es im Erklärungsrahmen des Musters Reiz–Reaktion Raum für Neigungen, Eigenschaften, Haltungen, die entscheidend auf eine bedeutsame Verbindung zwischen einem Subjekt und einem Objekt verweisen? Subjekt und Objekt sind zwei ontologisch unterschiedliche Realitäten insofern, als ersteres das zweitere »konstituiert« (im phänomenologischen Sinn des Begriffs): Das Subjekt »erzeugt« das Objekt. Haben wir es in der Pflanzenwelt mit einer Form von Einwirkung zwischen zwei Objekten (im Gegensatz zu einer Subjekt-Objekt-Beziehung) zu tun, und wenn ja, wie ist diese Form der Einwirkung zu denken? Sehen Pflanzen das Licht? Nein, Pflanzen reagieren, *als ob* sie wahrnehmen würden, *als ob* sie fühlen würden. Ein Reiz ist kein Zeichen. Ein Zeichen benennt, deutet auf, repräsentiert etwas Abwesendes, oder etwas, das nicht deutlich vor-

---

[137] Ebenda.

handen ist. Pflanzen leben nicht in einer Welt von Zeichen, das heißt in einer Welt, in der Symbolisches zirkuliert. Jacques Tassin spricht, wie wir gesehen haben, übrigens von »Signal«[138], nicht von Zeichen. Im Zeichen schwingt eine Zweideutigkeit mit, die im Signal nicht besteht. Das semiotische Verhältnis ist dreiseitig. Es umfasst das empfindende und sich bewegende Individuum (das »lebende Subjekt,« Tier oder Mensch), das Zeichen (eine Materie, eine Sache, ein Geräusch etc.) und die Bedeutung, auf die es verweist. Es enthält ein abwesendes Drittes. Das Verhältnis zwischen Reiz und Reaktion ist binär, niemals virtuell oder indirekt.

Wenn auch in ihrer physiologischen Organisation nichts vorhanden ist, das zum Beispiel einem Gehirn oder Nervensystem ähneln würde, leben Pflanzen, *als ob* sie damit ausgestattet wären. Es ist, als ob sie die Funktion, nicht aber das Organ besäßen. Das Geheimnis liegt in diesem Als Ob. »Das Leben arbeitet, als ob es das Identische reproduzieren wollte,« schreibt Bergson, Canguilhem zufolge in einem Geist des »heimlichen Einverständnisses zwischen Leben und Erkenntnis des Lebens,« während das kantische »*Als Ob*« der methodologischen Sorgfalt unterliegt.[139] Hans Vaihinger hat gezeigt, wie fruchtbar Fiktionalisierung sein kann, vorausgesetzt, sie wird als das gesehen, was sie ist: keine Hypothese, die »ein adäquater Ausdruck der noch unbekannten Wirklichkeit sein [will],« die künftige Erkenntnis bestätigen oder entkräften soll, sondern eben eine Fiktion, »mit dem Bewusstsein aufgestellt, dass sie eine inadäquate, subjektive, bildliche Vorstellungsweise ist, deren Zusammentreffen mit der Wirklichkeit von vornherein ausgeschlossen ist, und die daher auch nicht hintennach, wie

---

[138] Siehe FN 7 im vorhergehenden Abschnitt, S. 51.

[139] Georges Canguilhem, *Études d'histoire et de philosophie des sciences*, op. cit., S. 352.

man das bei Hypothesen hofft, verifiziert werden kann.«[140] Müssten gewisse Konzepte, etwa Empfindungsfähigkeit und Wahrnehmung, nicht explizit den epistemologischen Status der *Fiktion* erhalten? Das würde ein Missverständnis ausräumen und das Denken vom Ballast einer unzutreffenden Analogie befreien. Im durch das »Ob« eingeleiteten Konditionalsatz wird »ein Unwirkliches oder Unmögliches gesetzt: nichtsdestoweniger lassen sich aus diesem Unwirklichen oder Unmöglichen diese oder jene Folgerungen ableiten,« und so unwirklich oder unmöglich diese Sache auch sein mag, »wird die Annahme aber doch *formal* aufrecht erhalten; sie wird als ein Apperzeptionsgebilde betrachtet, dem sich etwas subsumieren, aus dem sich etwas deduzieren lässt.« [141]

Das epistemologische Problem, das die Beobachtung der Pflanzen aufwirft, erscheint klar und deutlich. Die Neigung, die dazu drängt, Ähnlichkeiten und Analogien mit dem Tiermodell zu suchen, ist eine Sackgasse, die jedoch nicht zu umgehen ist. Die Vorgangsweise, im Unbekannten das Bekannte zu suchen, wurde im klassischen Zeitalter von den »Partisanen der Analogie« verkörpert, während doch die Beobachtung der Pflanzen der Existenz von Organen, die den bei den Tieren beobachteten ähnlich wären, widersprach und Ähnlichkeiten nicht aufzufinden waren.[142] Wie ist das Phänomen der Ernährung oder jenes der Reproduktion zu erklären? Ist es angesichts von Funktionen, die allen Lebewesen unabhängig von ihrem Organisationsgrad gemeinsam sind, nicht natürlich, das Unbekannte mit dem Bekannten erklären zu wollen? Wenn Analogien wohl

---

[140] Hans Vaihinger, *Die Philosophie des Als Ob. System der theoretischen, praktischen und religiösen Fiktionen der Menschheit auf Grund eines idealistischen Positivismus.* 7./8. Auflage, Leipzig: Meiner, 1922, S. 606.

[141] Ebenda, S. 163.

[142] Vgl. François Delaporte, *Le Second Règne de la nature,* op. cit., S. 41-43.

oder übel in Stellung gebracht werden, ist damit dennoch der – absolut radikale – Bruch zwischen den beiden Welten nicht zu überwinden, nämlich jener der subjektiven Bedeutung und, sozusagen, der objektiven Entsprechung. Doch diese platte Art und Weise, eine Komplexität zu benennen, die unerschöpflich zu sein scheint, ist wenig befriedigend, denn diese chemischen, physikalischen, tellurischen und kosmischen Entsprechungen stürzen den Geist, der sich bemüht, sie zu ermessen, ins Unendliche. Die zoo-anthropologische Zeit ist wiederum die Zeit der Endlichkeit, des von Geburt und Tod gerahmten Lebens. Die gesamte inhärente Schwierigkeit im Verständnis des pflanzlichen Lebens hängt an dieser Beziehung zwischen Elementen, die keine Subjekte sind, bei denen keinerlei Subjekt-Objekt-Beziehung eingegangen wird, und die dennoch eine Komplexität aufweist, die ihre ontologische Bestimmung finden muss. Aber wechselt man von der funktionellen Ebene auf jene des Lebens des Bewusstseins und der Intentionalität (die Pflanzen würden gemäß ihrer Persönlichkeit handeln und untereinander affektive Beziehungen unterhalten), wird die Übereinkunft der Erkenntnis in gewisser Weise gebrochen. Das Leben der Pflanzen ist nicht subjektiv, aber weil es Leben ist, ist es nicht nur ein schlicht mechanisch-objektives Verhältnis.

Die Vermenschlichung der Pflanzen. Betrachtung eines Symptoms

Richten wir unsere Aufmerksamkeit auf die Vermenschlichung der Pflanzen, an der in letzter Zeit zwei viel übersetzte Autoren gearbeitet haben – und das mit einigem Erfolg. Sie ist ein Symptom, das der Untersuchung würdig ist, ein Indiz für ein Problem, das meiner Meinung nach nicht ausschließlich erkenntnistheoretisch ist. Was heißt es, Pflanzen Eigenschaften zuzuschreiben, die sie vermenschlichen? Ihr Leben mit Kategorien des empfindenden, sozialen und affektiven Lebens zu erklären, wozu? Umso mehr, als diese wissenschaftlich unfundierte Nichtunterscheidung noch dazu unserer Erfahrung von Pflanzen und Tieren widerspricht.

In *Das geheime Leben der Bäume*[143] will der Förster Peter Wohlleben enthüllen, »was sie fühlen« und »wie sie kommunizieren«. Dieses Buch ist ein Verkaufsschlager. Das Buch wurde bisher in 32 Sprachen übersetzt und von beeindruckenden Werbekampagnen beworben, und es gibt eine »Jugendbuch-«Version unter dem Titel *Hörst du, wie die Bäume sprechen?* Es begeistert, entzückt, überzeugt. Warum diese plötzliche und so breit geteilte Leidenschaft für das »geheime« Leben der Bäume? Welche Gründe gibt es für diese enorme Zustimmung zu einer außerordentlich anthropomorphen Erzählung?

Wohlleben sät Zweifel. Er überzeugt mit Feststellungen wie der Folgenden: »Doch warum sind Bäume derart soziale Wesen [...]? Die Gründe sind dieselben wie bei menschlichen Gesellschaften: Gemeinsam geht es besser. [...] Auch sie kümmert sich um ihre Mitglieder, hilft Kranken und Schwachen auf die Beine und lässt selbst tote Angehörige nur ungern zurück«[144]; »[...] auch im Wald gibt es Einzelgänger und Eigenbrötler [...] Können solche Muffel Alarmmeldungen blockieren, indem sie sich einfach nicht beteiligen? Zum Glück nicht, denn um eine schnelle Nachrichtenverbreitung zu garantieren, werden in den meisten Fällen Pilze zwischengeschaltet«[145]; »[...] der Baum [befindet] sich in einem lang andauernden Todeskampf [...] und [gerät] in Panik«[146]; »Zwar fehlt dem jungen Baum die Mutter, doch zumindest Schatten kann die

---

[143] Peter Wohlleben, *Das geheime Leben der Bäume,* op. cit.
[144] Ebenda, S. 11.
[145] Ebenda, S. 17.
[146] Ebenda, S. 66.

Alteiche spenden und hilft damit, den Buchennachwuchs schön langsam und gesund aufzuziehen«[147]; »irgendwann gibt sie [die Eiche] auf«[148]; »Ebenso wie bei uns nach einem arbeitsreichen Tag steht nun eine wohlverdiente Pause an«[149] usw.

Im selben Jahr, 2015, erschien die deutsche Übersetzung von *Die Intelligenz der Pflanzen*[150], einem Buch von Stefano Mancuso, Gründer und Direktor des Labors für Pflanzenneurobiologie an der Universität von Florenz, und der Wissenschaftsjournalistin Alessandra Viola. Dieses Buch, das in 21 Sprachen übersetzt wurde, ist ebenfalls einem gewissen Anthropomorphismus nicht abgeneigt. Es ist viel die Rede von der Intentionalität der Pflanzen. Mancuso und Viola lassen damit das Gefühl aufkommen, dass Pflanzen autonome Persönlichkeiten mit eindeutigem Willen seien. Ihr Zugang ist die Weiterführung eines Beweises für ein empfindendes, kommunizierendes, soziales und intelligentes Pflanzenleben, der den Autoren zufolge schon sehr alt ist. Diese Komplexität erlaube mit Fug und Recht, die Pflanzen zu zoomorphisieren, sogar zu vermenschlichen. Die These, dass sie »miteinander reden. Sie erkennen Verwandte. Und sie haben Charakter«, und *»nicht anders als* in der Tierwelt« gibt es »opportunistische oder großzügige, grundehrliche oder verschlagene Pflanzen«, die »belohnen [...] und bestrafen«[151], werde von den Tatsachen belegt, wird dem

---

147 Ebenda, S. 66.
148 Ebenda, S. 67.
149 Ebenda, S. 124.
150 Stefano Mancuso und Alessandra Viola, *Die Intelligenz der Pflanzen*. Aus dem Italienischen von Christine Amann. München: Kunstmann, 2015. Vgl. in derselben Richtung auch das Buch von Anthony Trewavas, *Plant Behaviour and Intelligence*. Oxford: Oxford University Press, 2014, das zwar nicht auf Vermenschlichung zurückgreift, aber ins Feld führt, dass Pflanzen Verhaltensweisen aufweisen, dass sie ein Ich besitzen, dass sie in Konkurrenz stehen oder kooperieren, dass sie intelligent sind.
151 Stefano Mancuso und Alessandra Viola, *Die Intelligenz der Pflanzen*, op. cit., S. 10.

Leser versichert. Die Zusammenstellung dieser Auszüge führt zur Frage nach dem epistemischen Status dieser Sichtweise und damit nach der Erkenntnis, die sie nahelegt. Heißt Erkenntnis zwangsläufig, im anderen dasselbe wiederzuerkennen, *nicht anders* in beiden Fällen? Man erfährt auch, dass »wie bei den Tieren« die Pflanzen »unterschiedliche Charaktere«[152] haben, dass sie »Verwandtschaftsverhalten« oder »altruistische Verhaltensweisen« [153] zeigen, dass sie »Insekten [...] dazu bewegen, für sie den Briefträger [...] zu spielen,« [154] dass manche »sich sehr tugendhaft und loyal«[155] verhalten, während andere »ihre tierischen Helfer«[156] betrügen. Kurz, » Pflanzen verfügen zweifellos über große manipulatorische Fähigkeiten. Wer wollte daran noch zweifeln?«[157] Die Atmosphäre des Wunderbaren, die sich in diesen Beschreibungen verbreitet, ähnelt der von Märchen, ist aber nicht mit den Stimmen vergleichbar, die Baudelaire in den *Correspondances* (*Einklänge*) zu Gehör bringt: »Aus der natur belebten tempelbaum/ Oft unverständlich wirre worte weichen/ Dort geht der mensch durch einen wald von zeichen/ Die mit vertrauten blicken ihn beschaun.«[158]

Die Banalität des gewöhnlichen Lebens ist nur Schein. Die Welt, in der wir glauben zu leben, ist nicht die echte Welt. Wir sind umgeben von Wesen, die, obwohl auf den ersten Blick nichts darauf schließen lässt, echte Persönlichkeiten sind, die überhaupt nicht mit menschlichen Merkmalen versehen werden müssen, um sich zu verschwören, ein doppeltes Spiel zu spielen oder großzügig zu sein. Dennoch, ist dieses Entzücken

---

[152] Ebenda, S. 91.
[153] Ebenda, S. 94.
[154] Ebenda, S. 99.
[155] Ebenda, S. 137.
[156] Ebenda, S. 110.
[157] Ebenda, S. 113.
[158] Charles Baudelaire, *Die Blumen des Bösen*. Umdichtungen von Stefan George. Berlin: Georg Bondi, 1901, S. 17.

angesichts der Reichweite des Menschlichen bis in die Pflanzen hinein nicht die Bestätigung, dass wir immer nur das *Gleiche* suchen und die menschliche die einzige Form ist, die unsere träge Aufmerksamkeit in Betracht zieht? Während die Zutageförderung von Bedeutungen im Verhalten von Tieren von vielen – seien es Philosophen, Anthropologen, Biologen oder völlig andere Disziplinen – als Anthropomorphismus verurteilt wird, scheint die Vermenschlichung der Pflanzen kaum Missbilligung zu erregen. Warum? Vielleicht, weil dabei letztlich nichts auf dem Spiel steht. Denn es ist nur zu offensichtlich, dass es unsere Praxis nicht beeinflussen wird, wenn wir die Pflanzen auf den höchsten ontologischen Rang heben. Wir werden uns weiter von Pflanzen ernähren. Wir werden weiter unsere Gärten pflegen und dabei bestimmte Pflanzen zurückschneiden und ausreißen, um andere zu pflanzen usw. Alles in allem können wir uns der Träumerei von Pflanzen hingeben, die sich wie im Märchen magisch verhalten, ohne zu befürchten, irgendetwas entbehren zu müssen, um irgendetwas gebracht zu werden.

Einen weiteren Grund zur Verblüffung löst die Beschreibung einer Art von Über-Geist aus, der es den jeweiligen Welten erlaubt, sich in völliger Kenntnis der Ursache für eine Richtung zu entscheiden. Mancuso und Viola erklären nämlich, »aus der allerersten Entscheidung – Sesshaftigkeit oder Nomadenleben – hat sich im Laufe der Zeit eine erstaunliche Differenzierung in Körperbau und Lebensweise ergeben. Denn die Tiere *optierten* dafür, sich durch Bewegung (oder Flucht) zu verteidigen, zu ernähren und zu vermehren. Die Pflanzen *wollten* dasselbe durch eine sesshafte Lebensweise erreichen. Sie mussten also nach eigenen, originellen Lösungen suchen.«[159] Die Pflanzenwelt habe wissentlich auf bestimmte Strategien zurückgegriffen: »Während der Mensch den Hund füttert und versorgt,

[159] Ebenda, S. 37 [Hervorhebung FB].

schützt dieser ihn und leistet ihm Gesellschaft. Einige Pflanzen haben auf ähnliche Evolutionsstrategien gesetzt: Sie nähren den Menschen, und er schützt sie dafür vor Schädlingen, hegt und pflegt sie und verbreitet vor allem ihre Samen bis in die letzten Winkel der Erde.«[160] Was bedeutet dieser seltsame Finalismus, der neben dem Bild von opportunistischen, manipulierenden, nachtragenden Pflanzen steht, die sich freuen, an allen Ecken der Welt auszusamen? Wozu opfern diese Autoren jede wissenschaftliche Präzision? Glauben sie an die Vergleiche, die sie wagen? Glauben sie an ihre Theorien?

Einige populäre Wissenschaftsmagazine sind diesem Beispiel gefolgt. »Sie denken. Enthüllungen über die Intelligenz der Pflanzen«, sie »treffen Entscheidungen, haben ein Gedächtnis und lernen aus ihren Erfahrungen«, sie »helfen einander«, beweisen »Hellsichtigkeit«, ist in einem von ihnen zu lesen.[161] Diese reißerischen Titel kommen von der Redaktion, nicht von den Autoren der Artikel, die darin vermutlich nicht immer den Inhalt ihrer Forschung wiedererkennen. Diese fördert zwar komplexe und vielfältige Reaktionen zutage, die übrigens antike Autoren bereits vermuteten. Elektronische Messinstrumente enthüllen präzise die physikalisch-chemischen und biologischen Mechanismen dieser Reaktionen, die sehr wohl dem Muster Reiz-Reaktion folgen.

Der Anthropomorphismus hätte zuallermindest explizit als Zugangsmethode oder auch als Metapher präsentiert werden können, die einer sehr breiten Öffentlichkeit eine Realität verständlich machen kann, die uns zugleich vertraut und fremd ist. Der Anthropomorphismus ist hier allerdings besonders irreführend, weil, wie wir sehen werden, zwischen diesen beiden

---

[160] Ebenda, S. 44.

[161] So lauten einige der Titel oder Untertitel von Artikeln in einer Ausgabe von *Science & Vie* vom Dezember 2017. Im gleichen Sinne ist *Science & Vie junior* zu erwähnen: »Sind Pflanzen intelligent?«, März 2019.

völlig gegensätzlichen Lebensformen keine Verbindung möglich ist. Gute populärwissenschaftliche Bücher haben Titel und Untertitel im Register der Vermenschlichung, während ihre Autoren keine tendenziösen Inhalte vermitteln.[162] Aber in den erwähnten Büchern geht es weder um ein methodisches Mittel zum Zweck noch um verlegerischen Druck in Richtung populärwissenschaftliche Vereinfachung. Die Wissenschaftsgemeinschaft zeigt sich übrigens angesichts von Vorstellungen wie »pflanzlicher Kognition« oder »pflanzlicher Neurobiologie«[163] mehr als reserviert. Diese absichtliche und hingenommene Vermenschlichung, um sie nicht unverfroren zu nennen, stellt die von ihr verwendeten Begriffe nicht auf die Probe und überschreitet die Grenze, an der die Existenz der beiden unterschiedlichen Realitäten bestehen bleibt, über die sich weder Analogie noch Metapher hinwegsetzen. Der Wunsch, eine zoomorphe Konzeption von Lebewesen zu vermeiden, in der das pflanzliche Leben den niedrigsten Rang einnimmt, den eines trägen Lebens, das über das Modell des Mangels gedacht wird, wo Sein nicht Haben ist, kann diese Grenzüberschreitung nur zum Teil erklären. Die Sichtung von moralischen und juristischen

---

[162] Hier ist zum Beispiel ein Buch von Catherine Lenne zu nennen, *Dans la peau d'une plante* (Paris: Belin, 2014), deren Erklärungen sowohl genau als auch niederschwellig sind und, wahrscheinlich auf Wunsch des Verlegers, in Form von »impertinenten Fragen über das verborgene Leben der Pflanzen« präsentiert werden, die keinerlei Vorbehalte haben.

[163] Jacques Tassin zum Beispiel verweist in einer Reihe von Bemerkungen, in deren Verlauf er sich fragt, warum sich Öffentlichkeit und Medien eher für »Märchen«, in diesem Fall die des Autors des Bestsellers *Das geheime Leben der Bäume* (2015), als für »gute populärwissenschaftliche Vermittlung« begeistern, auf eine »obskure Gesellschaft für pflanzliche Neurobiologie, die einige Florentiner Akademiker betreiben« (er meint hier das »Labor« von Stefano Mancuso). (»Comment le laurier est redevenu Daphné, ou la place du sensible dans la vulgarisation sur le vivant«, März 2018: Webseite der Société française d'écologie et d'évolution. Online abrufbar.)

Fragen wird uns erlauben, die klinische Untersuchung dieses Symptoms weiterzutreiben.

Die radikale Alterität der Pflanzen – die Frage des Phytozentrismus

Ganz im Gegenteil zu der Tradition, die das pflanzliche Leben in den Rahmen des tierischen Lebens stellt und dadurch das Wesen beider einzigartiger Phänomene verfehlt, vertritt Francis Hallé den Standpunkt einer radikalen Alterität der Pflanzen, die übrigens die Fachwelt bestätigt. Einzelne Wissenschaftler wenden sich somit entschieden vom analogen Modell ab und bemühen sich, das einzigartige Wesen der Pflanzen zu denken, und rufen im Hinblick darauf zu einem »Phytozentrismus«[164] auf. Diese methodologische Fokusverschiebung, die wohl unmöglich ist, erfordert eine geistige Anstrengung, wirkt als Schutz vor Anthropo- und Zoomorphismus und eröffnet gleichzeitig neue Reflexionswege. Welchen epistemologischen Status hat diese Alterität nun? Was sind die Möglichkeitsbedingungen der Erkenntnis einer *radikalen* Alterität? Denn nichts gestattet uns, uns in eine Pflanze hineinzuversetzen, da alles an ihrer Seinsweise der unseren – der des Tierlebens – diametral gegenübersteht.[165]

---

[164] Jacques Tassin, *À quoi pensent les plantes?*, op. cit., S. 11.

[165] Angeregt durch den Zugang des Biologen Gérard Nissim Amzallag in *L'Homme végétal. Pour une autonomie du vivant* (Vorwort von Bernard Werber, Paris: Albin Michel, 2003), geht Philippe Grosos davon aus, dass das »Pflanzenmodell [...] erlaubt, den Menschen in seiner Sphäre des Lebendigen zu verorten und den ausschließlichen Einfluss des Tiermodells zu verlassen, und gleichzeitig im Wesentlichen seine Eigenheit zu denken« (Philippe Grosos, »L'humain: vivant paradoxal, ou l'enjeu d'un modèle oublié«, *Le Philosophoire* Nr. 23, Herbst 2004, S. 63-88, Zitat S. 71). Dieses Modell »befreit uns von der *Repräsentation* und ermög-

Husserls Beschreibung der Möglichkeitsbedingungen der Erkenntnis fremder Alteritäten verweist darauf, in welchem Sinne wir eben nicht zu jener der Pflanze vordringen können. Wir wären, zumindest auf der Ebene der wissenschaftlichen Erkenntnis, auf die Beschreibung von einem äußeren Standpunkt aus beschränkt, ohne etwas von ihrer wesentlichen Bedeutung zu erfassen. Wie kann man eine andere Lebensform als die eigene verstehen? Dieses Vorgehen setzt die Möglichkeit einer »Abwandlung« in der Konstituierung von Alteritäten ausgehend von der Norm voraus, die ich für mich selbst darstelle. Pflanzen können aber nie »anomale Abwandlungen meiner Menschlichkeit«[166] sein. Die empathisch-analoge Rekonstruktion von fremden Subjektivitäten, die Husserl denkt und beschreibt, ist hier unmöglich umzusetzen. Trotz der Verschie-

---

licht uns jenseits jedes ideologischen Konflikts zum *Begriff* selbst vorzudringen« (Ebenda, S. 85). Dank dieser Radikalität, der die Unmöglichkeit zugrunde liegt, uns je mit einer Pflanze zu identifizieren, würden wir, Philippe Grosos zufolge, auf gewissermaßen reine Art und Weise »die Verwurzelung im *Lebendigen*« (ebenda) erfassen. So würde der Mensch zum Tier, das sich von den Tieren durch pflanzliche Eigenschaften unterscheidet (die adaptive Formbarkeit, die sie kennzeichnet), dermaßen, dass die Pascal'sche Metapher vom »denkenden Schilfrohr«, die immer nur einseitig als Glorifizierung des Denkens verstanden wird, nicht als Metapher zu verstehen wäre (ebenda, S. 71). Der Mensch ist »das pflanzlichste Tier«, ein echtes »Paradox des Lebendigen« (ebenda, S. 88), und diese unglaubliche Verwandtschaft hätte Philippe Grosos zufolge zudem den Vorzug, die Hegemonie des Tiermodells zum Verständnis des menschlichen Lebens zu brechen. Das pflanzliche Leben wird damit nicht besser verständlich, doch der Rückgriff auf sein Modell würde meiner Ansicht nach erlauben, den Menschen von den Tieren abzurücken und den ontologischen Unterschied zu verschieben, allerdings nur, indem ignoriert wird, was doch das tierische und damit menschliche Leben einzigartig macht: die gelebte Erfahrung. Was ist von diesem paradoxen Zugang zu halten?

166 Edmund Husserl, *Cartesianische Meditationen und Pariser Vorträge.* Herausgegeben und eingeleitet von S. Strasser. Haag: Martinus Nijhoff, 1950, § 55, S. 154.

denartigkeit ihrer Formen zeigen Tiere eine Morphologie, die mehr oder weniger von meiner abweicht. Selbst das Insekt oder die Spinne besitzen Gliedmaßen, um sich fortzubewegen. Die Rekonstruktion wird durch die Tatsache erschwert, dass ihre im Hinblick auf meine fremde oder lückenhafte Morphologie sich dadurch meinem Verständnis teilweise entzieht, wenn sie zum Beispiel keine Augen haben, um zu sehen, keine Nase, um zu riechen, und auch keine Ohren, um zu hören. Zur Morphologie kommt das Verhalten. Über das Verhalten drängt sich mir die Sicherheit auf, einem intentionalen Leben gegenüberzustehen, denn *sich* verhalten heißt, sich in »wechselnden aber immerfort zusammenstimmenden« Handlungen auszudrücken, wobei diese körperliche Bekundung »Psychisches appräsentierend indiziert«[167]. So bezeugt sich das psychische Leben bei den Tieren, die »nicht bloß triebhaft sondern ständig auch in Ichakten« leben, und nicht bei den »bloß triebhaft lebenden« Pflanzen.[168]

Ebenso ist für Max Scheler »jedes Verhalten [...] immer *auch* Ausdruck von Innenzuständen«[169] Zwei Elemente ermöglichen mir und zwingen mich dazu, in diesem Anderen das Subjekt eines bewussten Lebens zu sehen: die Anlage seines Körpers und das Verhalten dieses Körpers. Dieses Verhalten enthüllt die Struktur »Ich und die umgebende Welt«, die die gemeinsame Grundlage der *Animalien* darstellt, ein Begriff, mit dem Husserl tierische und menschliche Lebewesen benennt. Die Struktur ist ihnen gemeinsam, nicht der Inhalt: Tiere nehmen dieselben Dinge wahr wie ich, aber nicht wie ich, was wiederum in den Arbeiten von Jakob von Uexküll über die Tierwelten klar her-

[167] Ebenda, § 52, S. 144.

[168] Edmund Husserl, *Die Krisis der europäischen Wissenschaften und die transzendentale Phänomenologie.* Herausgegeben von Walter Biemel. Haag: Martinus Nijhoff, 1954, S. 230.

[169] Max Scheler, *Die Stellung des Menschen im Kosmos.* München: Nymphenburger Verlagshandlung, 1947, S. 17 [Hervorhebung FB].

ausgearbeitet wird. In Funktion ihrer Spezies oder auch ihrer Lebensweise, je nachdem, ob sie Nutz-, Haus- oder Wildtiere sind, oder auch je nach ihrer individuellen Lebensgeschichte, nehmen Tiere auch nicht dieselben Dinge wahr, mit anderen Worten, sie statten sie nicht mit denselben Bedeutungen aus. Kurz gesagt, wozu kann ich abgesehen von dieser Grundstruktur der Intentionalität (ich und die Umwelt) vordringen?

Von der *gelebten Erfahrung* einer Pflanze zu sprechen ist sicherlich unzutreffend. Pflanzen haben keine Innerlichkeit; das pflanzliche Leben ist weder psychisch noch transzendental. Es ist nicht das Leben, das ein immer bereits auf eine Welt bezogenes Subjekt erlebt, wobei diese Aussage in einem strikt phänomenologischen Sinne zu verstehen ist. Ihre Bewegungen zeigen eine komplexe Verbindung mit den Elementen der Umgebung, die manche sich in der Art des sehenden und reagierenden Subjekts vorstellen, während es sich nicht um eine Korrelation dieser Art handelt: Pflanzen haben keine Welt. Die Vorstellung der Umwelt, zeigt Canguilhem, die im 19. Jahrhundert aus der Mechanik in die Biologie eingebracht wurde und damals von Auguste Comte als »Gesamtheit der zur Existenz eines jeden Organismus notwendigen äußeren Umstände«[170] definiert wurde, hat ihre anfängliche Prägung beibehalten. Diese verliert ihre Geltung, sobald man die Beziehung von Tieren zu ihrer Umwelt denkt, wie Canguilhem mit einem kritischen Zitat von Louis Roule, dem Autor von *La Vie des rivières* (1930) zeigt: »›Die Fische führen ihr Leben nicht selbst, es ist der Fluss, der es sie führen lässt; sie sind Personen ohne Persönlichkeit.‹ [...] Wir sind hier zur These der Tier-Maschinen zurückgekehrt.«[171] Man kann der Meinung sein, dass die Pflanze »von außen durch die Umwelt gesteuert wird« und wahrscheinlich muss bei den Pflanzen dieser Steuerung eine kosmologische Dimension

---

[170] Georges Canguilhem, *Die Erkenntnis des Lebens,* op. cit., S. 239.
[171] Ebenda, S. 244.

verliehen werden. Diese Außenbestimmung bedeutet dagegen für Tiere eine »katastrophale Situation« – die Experimentalsituation im Labor[172] –, denn sie werden dort durch eine Umwelt eingeschränkt, die nicht nur nicht die ihre ist, sondern die sie noch dazu völlig zu beherrschen versucht, während es ihrem Wesen entspricht, diese Umwelt selbst von dem Zentrum aus, das sie bilden, einzurichten. Mit dem tierischen Leben vollzieht sich eine Umkehrung von Organismus und Umwelt: Der Organismus gestaltet die Umwelt.

Scheler zufolge besitzt die Pflanze nur den Trieb zu wachsen und sich fortzupflanzen. Der »Gefühlsdrang«[173], der in seinen Augen die erste Stufe der »psychischen« Entwicklung (in welchem Sinne? Dieser Punkt bleibt in Schelers Werk unklar) darstellt, sei nicht mit den Attributen Empfindung und Bewusstsein zu verwechseln, die nur in der tierischen Welt vorkommen, präzisiert Scheler. Pflanzen haben keine Sinnesorgane, auch wenn bei manchen Botanikern die Versuchung zu erkennen ist, sie ihnen bei der Beobachtung ihrer Wachstumsbewegungen zuzusprechen.[174] Um es negativ auszudrücken, Pflanzen fehlt der Spielraum von Aktivität und Freiheit, den eigenständige Bewegung und Ortswechsel den Tieren bieten. Ebenso fehlen ihnen die physiologischen Attribute, die diese Bewegung begleiten: Empfindung, Bewegungsapparat, Nervensystem. Während lebendige Wesenheiten auszeichnet, *für sich selbst* zu existieren, das heißt einen »›bewussten‹ Innenzustand« zu haben, lebt die Pflanze nach außen: Die Bewegung der Pflanze richtet sich immer *nach außen,* ihr Gefühlsdrang ist »ekstatisch«.[175] Auch die Rückmeldung von Organzuständen an ein Zentrum ist den

---

[172] Ebenda, S. 146-147.

[173] Max Scheler, *Die Stellung des Menschen im Kosmos,* op. cit., S. 12.

[174] Ebenda. S. 13.

[175] Ebenda, S. 14.

Pflanzen fremd. Die Rückwendung auf sich selbst ist nicht Teil ihres Daseins, das pflanzliche Leben kennzeichnet »dieses völlige Fehlen seiner Rückwendung«.[176] Keine Innerlichkeit im pflanzlichen Leben, kein Bewusstsein des inneren Zustands und keine Intentionalität, und seien sie auch noch so schwach, denn »Bewußtsein wird erst in der primitiven re-flexio der Empfindung«[177] sichtbar. Demnach ist dieses Undenkbare zu denken, das freilich begrifflich sowohl im Cartesianismus als auch im diesen beerbenden Behaviorismus existiert: eine Empfindung ohne Subjekt, das sie empfindet. Allerdings ist es notwendig, von diesem reinen Mechanismus abzurücken, denn wenn das Leben eine Lehre des Vitalismus bereithält, dann über die Pflanzen. Bei den Pflanzen hat das Leben fast immer die Oberhand.

Heutige Botaniker, die darum bemüht sind, Pflanzen nicht nur durch Subtraktion von Attributen des tierischen Lebens zu verstehen, werden diese Wortwahl als ausschließend verurteilen. Doch selbst mit den neuesten Entdeckungen bleibt sie treffend und folgerichtig und die Unterscheidungen, die sie herauskehrt, verhindern, dass dem Zoomorphismus oder sogar dem Anthropomorphismus freier Lauf gelassen wird. Wir können dennoch nicht bei einer negativen Beschreibung bleiben: Zu sagen, was etwas nicht ist, kann keine Definition sein. Max Scheler legt eine negative Definition der Pflanzen vor, die nach dem Maßstab des tierischen Lebens betrachtet werden, aber er *denkt* diese Negativität, wenn er betont, dass diese »Mängel« ein Ganzes bilden, dass eines nicht ohne das andere geht. »Von dem, was wir bei Tieren ›Triebleben‹ nennen, ist in der Pflanze nur der allgemeine Drang zu Wachstum und Fortpflanzung in den Gefühlsdrang eingeschlossen. […] Weder wählt sie spontan ihre Nahrung, noch verhält sie sich in der Befruchtung

[176] Ebenda.
[177] Ebenda.

aktiv [...] sie [hat] es ja auch nicht nötig, sich wie das Tier an bestimmte Orte zu begeben, um Nahrung zu finden. Daß die Pflanze nicht den Spielraum der spontanen Ortsbewegung des Tieres hat, daß sie keine spezifische Empfindung, keinen spezifischen Trieb, keine Assoziation, keinen bedingten Reflex, kein eigentliches Macht- und Nervensystem besitzt, ist ein *Ganzes* von Mängeln, das vollständig klar und eindeutig aus ihrer *Seins-Struktur* zu begreifen ist.«[178] Diese rein negative Beschreibung stellt einen ersten, unverzichtbaren Schritt zur Öffnung eines philosophischen Reflexionsraumes dar, der mit der Analogie und damit mit der Verwirrung der Reiche bricht, die auf der biochemischen Ebene immer möglich ist.

Nimmt man das pflanzliche Leben als Bezugspunkt – unbeweglich, gleichgültig und selbstgenügsam –, erscheinen die Selbstbewegung und ihre Freiheit, die Empfindungsfähigkeit und ihre Schmerzen als Verirrung des Lebens. Sind Individuen, die dieses Leben leben, nicht aufgrund einer endlichen Existenz und einer grundlegenden Verletzlichkeit ständig auf der Hut? Die gradualistische Konzeption, die das pflanzliche Leben auf der niedrigsten Ebene verortet, der Ebene des Fehlens von Attributen, die sich erst im tierischen Leben abzeichnen und deutlicher werden, je komplexer es wird, kann sich umkehren. Denn mit dem tierischen Leben entsteht »ein Gefühl [...], das ein *unsicheres, angstvolles, unglückliches* ist,« wie Hegel zeigt. Es ist eine von einer Äußerlichkeit bedrohte Existenz, die »fast nur Fremdartiges«[179] enthält, dem sie sich trotzdem ständig stellen muss. Das pflanzliche, fest verortete Leben, kennt nichts

---

[178] Ebenda, S. 13-14.

[179] Friedrich Hegel, *Enzyklopädie der philosophischen Wissenschaften.* Werke 9: Zweiter Teil: *Die Naturphilosophie,* op. cit., S. 502. Hegel schreibt wörtlich: »Die Umgebung der äußerlichen Zufälligkeit enthält fast nur Fremdartiges; sie übt eine fortdauernde Gewaltsamkeit und Drohung von Gefahren auf sein Gefühl aus, das ein *unsicheres, angstvolles, unglückliches* ist.«

Derartiges. Seine Strategien werden durch eine Umwelt vorgegeben, der es sich notwendigerweise anpasst. Widrige Elemente können es meist nur zeitweilig unterkriegen, selten völlig. Meist erwacht es aus seinen Überresten zu neuem Leben.

Von einem psychologischen Blickwinkel aus, sind »Grünflächen,« wie sie genannt werden, im Zentrum von Städten eine Quelle des »psychischen Gleichgewichts«[180] und das Eintauchen in die Natur vermittelt eine einzigartige Ruhe.[181] Das Sammeln von Pflanzen und die Botanik sind für Rousseau ein Heilmittel. Die »Laune,«[182] die seine Vorliebe für diese Aktivität und das Studium der Pflanzen zunächst ist, lässt ihn die Gründe analysieren, warum er darin eine Zuflucht findet, warum »durch dieses Mittel [...] in [seinem] Herzen weder Rache noch Haß aufkeimen« kann, eine Vergnügung, die seine Seele von dem ablenkt, was sie gewöhnlich belastet. »So räche ich mich an meinen Verfolgern auf meine Weise, und ich kann sie nicht härter strafen, als wider ihre Absicht glücklich zu sein.«[183] In der weiteren introspektiven Analyse stellt Rousseau das bedrückende Gefühl, das die Übung der Reflexion kennzeichnet, »eine mühsame und reizlose Beschäftigung«[184], der Träumerei und den Abwegen der Fantasie gegenüber, die das

---

180 Francis Hallé, *Éloge de la plante*, op. cit., S. 324.

181 Jacques Tassin verweist auf die Arbeiten von amerikanischen Psychologen, die ein *Nature Deficit Disorder* (Natur-Defizit-Syndrom) diagnostizieren und die psychologischen Vorteile des Aufenthalts in bewaldeten Flächen gemessen haben (ebenda, S. 19-23).

182 Jean-Jacques Rousseau, *Träumereien eines einsamen Spaziergängers,* op. cit., siebenter Spaziergang, S. 716. Vgl. hierzu die Analyse von Jean-Yves Goffi, »›Une bizarrerie que je voudrais bien m'expliquer‹. Rousseau, botaniste en première personne«, in: Burgat, Florence und Vanessa Nurock (Hg.), *Le Multinaturalisme. Mélanges à Catherine Larrère*. Marseille: Éditions Wildproject, »domaine sauvage«, 2013, S. 42-52.

183 Jean-Jacques Rousseau, *Träumereien eines einsamen Spaziergängers,* op. cit., siebenter Spaziergang, S. 716.

184 Ebenda, S. 717.

Botanisieren auslöst. Pflanzen mit dem Blick eines Arztes zu betrachten, schmälert ihren Glanz, überschattet ihre Schönheit, besudelt die Landschaft. «[So] ist mir wohl eingefallen, daß das Pflanzenreich das Vorratshaus der Nahrungsmittel ist, welche die Natur dem Mensch und den Tieren darbietet,« doch »das Vergnügen, die Wälder zu durchstreifen, [würde] durch den Gedanken an die menschliche Hinfälligkeit vergiftet [...], wenn mir das Fieber, Gallensteine, Gicht und Fallsucht einfielen.«[185] Das Studium der Botanik ist wegen seiner Anspruchslosigkeit jedem Amateur zugänglich, und seine Ausübung ist, glaubt man Rousseau, höchst vergnüglich.

Von einem diesmal metaphysischen Blickwinkel aus werden andere Erfahrungen zur Sprache gebracht. Das Selbstgefühl wird durch das ekstatische Eintauchen in die Pflanzenwelt schwächer. In *L'Air et les Songes* kommentiert Bachelard eine Seite aus den *Prosafragmenten,* auf der Rilke die seelische Verfassung eines jungen Mannes beschreibt, der sich an die Gabelung eines Bäumchens lehnt. So »eingebettet in die Natur« beschäftigt ihn eine »rein dynamische Kontemplation« seiner eigenen Kräfte im Vergleich zu jenen des Kosmos, eine Kontemplation ohne Gedanken, »ohne dass sich in einem Blick etwas näher definiert oder abzeichnet [...] der richtig als *abwesend* benannt ist.«[186] Rilke schreibt: »es war, als ob aus dem Innern des Baumes fast unmerkliche Schwingungen in ihn übergingen.«[187] Ein Erlebnis der Ruhe, die dieser junge Mann empfindet, denn das reiche, verschlungene und daher auf gewisse Art nicht erkennbare pflanzliche Leben, das ewig neu beginnt,

---

[185] Ebenda.

[186] Gaston Bachelard, *L'Air et les Songes. Essai sur l'imagination du mouvement.* Paris: Corti, 1987, S. 236.

[187] Rainer Maria Rilke, »Erlebnis,« in *Gesammelte Werke IV. Schriften in Prosa. Erster Teil.* Leipzig: Insel Verlag, 1927, S. 280-284, hier 280.

versetzt ihn »von der anderen Seite der Welt ganz nahe an den Gemeinwillen,«[188] das metaphysische Prinzip.

Die Pflanzen, die aus den ersten Zeitaltern herüberkommen und vom reinen Drang bewegt sind, kennen die Zäsur der Geburt und den unumkehrbaren Bruch des Todes nicht, und sinken langsam in sich zusammen, um anderswo wieder zu neuem Leben zu erwachen, entschieden gleichgültig gegenüber widrigen Umständen, leben sie gewissermaßen in der Indifferenz, bilden eine Gegenwelt. Das pflanzliche Leben, das unserem so fremd ist, kann auch die beängstigende Erfahrung einer Existenz sein, die einfach da ist. Das ist die Erfahrung von Antoine Roquentin im Park: »Die Wurzel des Kastanienbaums bohrte sich in die Erde, genau unter meiner Bank. Ich erinnerte mich nicht mehr, dass es eine Wurzel war [...]. Ich saß da, ein wenig krumm, den Kopf gesenkt, allein dieser schwarzen und knotigen, ganz und gar rohen Masse gegenüber, die mir angst machte [...]. Nie, vor diesen letzten Tagen, hatte ich geahnt, was das heißt: ›existieren‹.«[189]

---

[188] Gaston Bachelard, *L'Air et les Songes,* op. cit., S. 237.

[189] Jean-Paul Sartre, *Der Ekel.* Deutsch von Uli Aumüller. Gesammelte Werke: Romane und Erzählungen. Reinbek bei Hamburg: Rowohlt, 1987, S. 144.

Ontologie

> »Das Hauptmerkmal *tierischer* Evolution im Unterschied zum pflanzlichen Leben besteht darin, daß der *Raum,* als die Dimension der Abhängigkeit, progressiv in eine Dimension der Freiheit verwandelt wird, und zwar durch die parallele Entwicklung dieser zwei Vermögen: sich umher zu bewegen und auf Entfernung wahrzunehmen. [...] Ähnlich kommt die andere Dimension der ›Transzendenz‹, die *Zeit,* durch die gleichzeitige Entwicklung eines dritten Vermögens zur Erschließung, nämlich die Emotion, und zwar nach dem gleichen Prinzip: dem der ›Distanz‹ zwischen dem Selbst und seinem Objekt.«
>
> Hans Jonas, *Evolution und Freiheit*

Zum Wesen des pflanzlichen Lebens – Leben versus Erleben

Wie ist das Sein der Pflanzen zu charakterisieren, oder, mit anderen Worten, wie ist das pflanzliche Leben seinem Wesen nach zu bestimmen? Die Möglichkeit, uns in eine Pflanze hineinzuversetzen, bleibt uns für immer verschlossen; wir können dieses Leben, das uns in jeder Hinsicht fremd ist, nicht erleben oder erfahren. Wie kann man sich also anmaßen, diese Frage zu beantworten? Durch eine vergleichende Beschreibung der Seinsweisen des pflanzlichen Lebens werden wir zeigen, dass dieses Leben *nicht ist.* Dieser zunächst negative Zugang ist zur Schärfung des Unterschieds zwischen Tier und Pflanze notwendig. Er erlaubt es, die Konturen der »radikalen Alterität« der Pflanzen auszumachen. Denn was hinsichtlich der tierischen oder menschlichen Existenz negativ beschrieben wird, ist es nicht an sich; denn die Zutageförderung einer ontologischen Differenz eröffnet einen Raum, um die Einzigartigkeit der pflanzlichen Vitalität, einer Vitalität ohne Ende, zu denken.

Die Verbindung, die Heidegger zwischen dem tierischen und pflanzlichen Leben zieht, wobei er zunächst bestrebt ist, die Seinswelt des *Dasein*[190] von jeder Form von Leben zu unterscheiden, die daran keinerlei Anteil hat,[191] ist besonders auf der phänomenologischen Ebene schwer zu verstehen. Einzig ein Biologismus, der allen Unterscheidungen gegenüber – und darunter die doch entscheidende der spontanen Bewegung, die weit davon entfernt ist, einfach nur eine stärke ausgeprägte Form der pflanzlichen Entwicklung zu sein – blind ist, könnte Derartiges behaupten. Das Programm der Heidegger'schen Untersuchung stellt die Frage nach »*dem Wesen der Tierheit* und damit nach *dem Wesen des Lebens überhaupt*«[192]. Hier erhebt sich als erstes Problem, dass es ein Wesen der Tierheit geben soll, das der quasi unendlichen Vielfalt der Tierarten angemessen ist, und hinzu kommt, noch überraschender, die Gleichsetzung des Wesens der Tierheit mit dem des Lebens überhaupt, also auch des pflanzlichen Lebens: »das Leben, d. h. die Seinsart von Tier und Pflanze«[193]. Heidegger nennt in ein- und demselben ontologischen Ensemble Tier und Pflanze, die also in ähnlicher Weise »weltlos« und sprachlos sind: »Weil Gewächs und Getier zwar je in ihre Umgebung verspannt [...]

---

[190] Im Original deutsch [Anm. d. Ü.].

[191] Martin Heidegger, *Sein und Zeit*. Tübingen: Max Niemeyer, 11. Auflage, 1967. Vgl. § 10: »Die Abgrenzung der Daseinsanalytik gegen Anthropologie, Psychologie und Biologie«, S. 45f.

[192] Martin Heidegger, *Die Grundbegriffe der Metaphysik. Welt – Endlichkeit – Einsamkeit*. Frankfurt/M.: Vittorio Klostermann, 1983, S. 303.

[193] Ebenda, S. 282.

sind, deshalb fehlt ihnen die Sprache.«[194] Oder auch: »Pflanzen und Tiere wollen nicht, insofern sie, in die Lust gedämpft [...]«[195] sind. Zudem ist bemerkenswert, dass Heidegger sich bei der Ausarbeitung der Frage der Welt in den *Grundbegriffen der Metaphysik* auf Stein, Tier und Mensch stützt. Das Wesen des Pflanzlichen wird aus dem negativen Modell abgeleitet, das Heidegger für »das Tier« bestimmt – dieses Tier ist dabei die Biene, deren Verhaltensstruktur für alle Tiere gelten soll. Die eben erwähnten Passagen lassen tatsächlich darauf schließen, dass Pflanzen ebenso wie Tiere Beispiele für das »Leben überhaupt« seien. Damit würden Tiere und Pflanzen auf dieselbe Art und nach demselben Modus der Negation leben.

Im ersten Teil dieses Buches haben wir außerdem gesehen, dass die Übernahme einer reduktionistischen Definition bestimmter Anlagen oder Eigenschaften, die für das tierische Leben gelten, etwa Empfindung, Wahrnehmung oder Bewegung, ihre Übertragung auf die Pflanzen ermöglichte. Diese Reduktion ist eine Form von Kausalismus: einem Reiz entspricht eine Reaktion, deren Ursache er ist, und bei Lebewesen wäre alles durch den Austausch von physikalisch-chemischen Reaktionen erklärbar. Man erkennt das »hartnäckige Postulat des Materialismus, der das Erklärungsprinzip immer auf der untersten Stufe sucht«[196]. Ohne Innerlichkeit keine Verhaltensfreiheit, also wären Pflanzen ebenso durchschaubar wie die Tiere. Kehren wir mit den Seiten, die Foucault Cuvier widmet, wieder in das moderne Zeitalter zurück. Das Wissen verlässt

---

194 Martin Heidegger, »Brief über den Humanismus«, in ders., *Wegmarken*. Gesamtausgabe, Band 9. Frankfurt/M.: Vittorio Klostermann, 1976, S. 313-364, hier 326.

195 Martin Heidegger, »Wozu Dichter?«, in ders., *Holzwege*. Frankfurt/M.: Vittorio Klostermann, 8. Auflage 2003, S. 269-320, Zitat S. 288.

196 Raymond Ruyer, »L'individualité«, *Revue de métaphysique et de morale,* Juli 1940, S. 236-304, Zitat S. 292.

am Ende des 18. Jahrhunderts zugunsten der »dunklen Vertikalität«[197] der Nachbarschaften und Diskontinuitäten die Horizontale, die durch das Paar *taxinomia – mathesis* eingerichtet ist. So stellte für das »Denken innerhalb eines Tableaus«[198] des klassischen Zeitalters das Pflanzliche, bei dem alle Gestalten ihrer Entwicklung sichtbar sind (horizontale und deutliche Ebene), das epistemische Modell par excellence dar. Dieses tritt zurück, sobald es darum geht, das Leben in seinen tierischen Formen zu verstehen, »mit seinen verborgenen Knochengerüsten, seinen eingehüllten Organen [...] und jener fernen Kraft in der Tiefe von allem, die es am Leben erhält.« Deshalb steht fest: »wenn das Lebendige eine Klasse von Wesen ist, sagt das Gras besser als alles andere seine klare Essenz aus. Wenn aber das Lebendige eine Manifestation des Lebens ist, läßt das Tier besser bemerken, worin sein Rätsel besteht,«[199] allein deshalb, weil seine Physiologie im Inneren liegt, denn »[d]ie Pflanze herrschte an den Grenzen zwischen Bewegung und Bewegungslosigkeit, des sinnlich Wahrnehmbaren und des sinnlich nicht Wahrnehmbaren. Das Tier dagegen hält sich an den Grenzen zwischen Leben und Tod.«[200]

Es wurde hier die zoomorphe oder anthropomorphe Lesart der Pflanzen auch bezüglich der Frage danach untersucht, ob die Bewegungen und chemischen Kommunikationen der Pflanzen *wirklich* der Beweis für ihre Intentionalität, Intelligenz und Freiheit sind, oder ob sie nur der *Schein* dieser Anlagen sind. Hierzu lässt es sich Jacques Tassin nicht nehmen festzustellen, dass Unterscheidungen auf chemischer Ebene erklären, warum Akazien Tannin ausscheiden, das für die Kudus, die ihre Blätter fressen, tödlich ist, und nicht irgendwelche Rache-

---

[197] Michel Foucault, *Die Ordnung der Dinge,* op. cit., S. 308.
[198] Ebenda, S. 338.
[199] Ebenda, S. 338-339.
[200] Ebenda.

gelüste, die zudem gerne als eine Art von Absprache zwischen den Bäumen präsentiert werden – ein Bild, das nur propagiert wird, um »unsere Fantasien von Pflanzen mit einem dem unseren ähnlichen Geist zu befriedigen.«[201] Es handelt sich um den *Schein* eines psychologischen Verhaltens. Es ist absolut unnötig, auf Intentionen, Gefühle, eine organisierte Zusammenarbeit zurückzugreifen, um darauf zu verweisen, was Schopenhauer den »Willen in der Natur« nannte und Biologen als physikalisch-chemischen Austausch verstehen. Ein weiteres Beispiel: »Anstatt Musik zu lieben,« erkennen Pflanzen ein objektives physikalisches Phänomen, eine Vibration, der nicht ernsthaft eine andere Bedeutung als die Vibrationsdimension zugesprochen werden kann. Es ist höchst gewagt, daraus abzuleiten, dass Pflanzen hören können. Wahrscheinlich liegt es an der Unkenntnis in Bezug auf physikalische Phänomene, dass viele Menschen, ermutigt von den kühnen Behauptungen einiger Autoren, physikalische Tatsachen als magisch interpretieren, deren Komplexität nur wenig besprochen wird. Tatsache ist, dass Pflanzen hochempfindlich auf jedes Teilchen- oder Wellenphänomen reagieren. Ohne allerdings »über mentale Bilder zu verfügen und, unfähig, sich den Raum vorzustellen, zeigen Pflanzen keine wirkliche Sensibilität für Distanz.«[202]

Es zeichnet sich somit folgende Alternative ab:

Entweder jedes Leben, auch die biographische, individuierte und einzigartige Existenz, lässt sich auf das Schema Reiz–Reaktion zurückführen. Diese Perspektive macht jede intentionale Überlegung, jede psychische Innerlichkeit, jede Freiheit hinfällig: Menschen, Tiere und Pflanzen leben gemäß demselben und einzigen physikalisch-chemischen Modus, sodass dieser auch der einzige wäre, mit dem die Philosophie sich zu befassen hätte, um die ontologische Ebene zu denken.

---

[201] Jacques Tassin, *À quoi pensent les plantes?*, op. cit., S. 55.

[202] Ebenda, S. 59.

Oder das Leben (*vie*) wird ausgehend vom Lebendig-Sein (*le vivre*) verstanden, das heißt von der Vielfalt der Seinsweisen der Lebewesen, die für die Beobachtung tatsächlich wahrnehmbar ist. Die jeweils spezifische Charakterisierung der Beziehungen, die Lebewesen zu ihrer Umwelt pflegen, zu den Wesen, denen sie *begegnen*, aber auch zu sich selbst, zieht dann de facto grundlegende Unterscheidungen zwischen dem pflanzlichen und dem tierischen Leben nach sich. Die von Renaud Barbaras eingeführte Unterscheidung zwischen Leben und Lebendig-Sein verdeutlicht die Dinge. Das Leben ist ein »übermächtiger und ewiger« Drang oder »*archi-vie*«. Es ist »kein Lebendig-Sein, weil nichts von ihm erlebt wird«.[203] In Bergson'schen Begriffen ist das Leben die »Kraft, die, wäre sie sich selbst überlassen, in umgekehrter Richtung [der Materie] arbeiten würde«[204], die sie gleichzeitig belebt und einengt. *Das Lebendig-Sein ist das von einem sterblichen Lebewesen erlebte Leben* – »ein Lebewesen ist nur lebendig, wenn es sterblich ist, es ist aber nur sterblich, wenn ihm von vornherein die Superkraft und Ewigkeit des Lebens vorenthalten ist.«[205] Das Lebendig-Sein findet im »Abstand zwischen Absicht und Realisierung« statt, es richtet sich in »der ontologischen Distanz«[206] ein. Das pflanzliche Leben käme damit dem Leben als Superkraft und ewige Macht am nächsten, da seine Lebensweise nicht jene des sterblichen Wesens, kein unruhiges Leben ist, sondern ein indifferentes Leben. Es reproduziert und teilt sich, es wird unaufhörlich aus seiner Asche wiedergeboren, es steht nicht im Abstand zu, sondern im Gegenteil in der Immanenz mit seiner Umwelt (Intus-

---

203 Renaud Barbaras, *Dynamique de la manifestation*. Paris: Vrin, »Problèmes & controverses«, 2013, S. 333.

204 Henri Bergson, *Schöpferische Evolution*, op. cit., S. 279.

205 Renaud Barbaras, *Dynamique de la manifestation*, op. cit., S. 333.

206 Ebenda.

suszeption). Es gibt zwar ein Leben der Pflanzen, aber kein Lebendig-Sein der Pflanzen.

Der ersten Alternative zufolge haben wir es mit einem vordualistischen Verständnis zu tun – wobei der Dualismus zumindest den Vorzug hat, zwei Arten von Wesen zu unterscheiden (Seele und Körper, Form und Materie, Subjekt und Objekt usw.), auch wenn ihre Beziehung ein unlösbares Problem darstellt und der Dualismus letztlich immer in eine Sackgasse führt. Der physikalische Monismus, aus dem heute zum Beispiel das Programm der Naturalisierung des Geistes hervorgeht, leugnet die Spezifizität des Lebens, oder genauer des Lebendig-Seins, abgesehen davon, dass er es mit einem gewissen Niveau an materieller Komplexität beschreibt. Die Verhaltensfreiheit, die allein der spontanen Bewegung inhärent ist, oder die Besonderheit einer Lebensgeschichte, die sich in die Psyche des Individuums einschreibt, zu ignorieren oder zu leugnen, kurz, die *Erfahrungs*dimension des Lebendig-Seins zu verschweigen, dient der Vermengung von Tier- und Pflanzenreich. Nun zeigt sich genau in dem Abstand, der nichts anderes ist als die Tiefe des Erlebten selbst, ein ontologischer Bruch zwischen Pflanzen einerseits und den Tieren und Menschen andererseits. Dieses Erlebte, dessen Möglichkeitsbedingungen zu beschreiben sich die Phänomenologie zur Aufgabe gestellt hat (das *a priori* der Korrelation zwischen einem transzendenten Seienden und den Modi seines Erscheinens gegenüber einem Bewusstsein), ist jenes eines Subjekts, dessen Beziehung zu dem, was es umgibt, nicht unmittelbar ist, eines Subjekts, das in Distanz zu dem steht, wonach es strebt, das im Wesentlichen Bewegung und damit Begehren ist.[207] Ein Subjekt zu sein, bedeutet durch und in diesen Vermittlungen, in ihrem Kern zu leben.

---

[207] Vgl. Renaud Barbaras, *Le Désir et la Distance. Introduction à une phénoménologie de la perception.* Paris: Vrin, »Problèmes & contro-

Der zweiten Alternative zufolge ist dieses Subjekt ein begehrendes, wahrnehmendes, betroffenes Wesen, das ständig vom Tod bedroht wird. Darin besteht die widersprüchliche Bedingung des Lebendig-Seins. Das Wesen, das in diesem Sinne lebt, ist ein notwendig von seiner Umwelt getrenntes Wesen. Ein gespaltenes Wesen, das nur teilweise mit sich selbst zusammenfällt, da das, was es begehrt, nicht in Reichweite ist. Was begehrt wird, taucht auf, hebt sich also vom Hintergrund ab, um eine Bedeutung anzunehmen. Die in radikalem Sinne verstandene Subjektivität wäre zunächst diese Macht, sichtbar zu machen, das heißt, den Dingen und Wesen der Umgebungswelt erlebte und nicht nur biochemische Bedeutungen zu verleihen. Zu sagen, dass diese Bedeutungen *erlebt* sind, sagt mit anderen Worten, dass derartige Wesen ein psychisches Leben, also ein unergründliches Leben besitzen.

Gibt es bei Pflanzen eine umgebende Lebenswelt?

Die Beschreibung der Art, wie sich Pflanzen und Tieren auf die Umwelt beziehen (eine Umwelt, die eine erlebte Welt ist, wie wir sehen werden), setzt einen ersten ontologischen Unterschied. Die offene und die geschlossene Form, ein Begriffspaar, das Helmuth Plessner von Hans Driesch entlehnt,[208] beschreibt zwei Formen der Beziehung zur Äußerlichkeit. Driesch nennt die »besonderen und neuen Prozesse«, die zur Entwicklung des Embryos beitragen, »morphogene Elementarprozesse« und die stabilen Formen jedes embryonalen Stadiums »Elementarorgane«. Diese Organe nehmen einerseits eine Position

---

verses«, 2006, insbesondere »La perception et le mouvement vivant«, S. 103-131.

[208] Hans Driesch, *Die Philosophie des Organischen*. Leipzig: Verlag Wilhelm Engelmann, 1909, S. 48.

im Organismus ein, andererseits besitzen sie spezielle histologische Eigenschaften. Derartige Prozesse finden sich nun bei den Pflanzen kaum, und was sich bei den Tieren im Inneren bildet, bildet sich bei den Pflanzen außen, sodass Driesch die Tiere als »geschlossene Formen« bezeichnet, was auf den »fertigen« Zustand eines Lebewesens verweist, und die Pflanzen als »offene Formen«, was den Zustand eines Lebewesens meint, das nie fertig ist. Diese Leben sind somit keineswegs von derselben Zeitlichkeit geprägt: endliche Zeit für die Tiere, unbestimmte Zeit für die Pflanzen, die häufig durch Teilung weiterleben. Die beschriebenen Phänomene sind nur »Mittel« des Organismus, sie sagen nichts darüber aus, was »das Phänomen des Lebens eigentlich bedeutet« – eine Aussage, in der die vitalistische Option erkennbar wird. Plessner übernimmt Drieschs Begriffe, wobei er insbesondere die dynamische Dimension der Positionalität hinzufügt, die dem Begriff der Position fehlt. Plessner betont wieder und wieder, dass die Begriffe, die er prägt, um die Stufen des Organischen ontologisch zu denken, keine spekulativen Konstruktionen sind, sondern das Ergebnis der »anschaulichen Struktur sogenannter Dinge unserer Wahrnehmung«.[209]

Die offene und die geschlossene Form stellen die ontologische Unterscheidung zwischen pflanzlichem und tierischem Leben dar. Die offene Form ist diejenige, die »den Organismus in allen seinen Lebensäußerungen seiner Umgebung eingliedert und ihn zum unselbständigen Abschnitt des ihm entsprechenden Lebenskreises macht.«.[210] Die offene Form, also jene der Pflanzen, kennzeichnet die *unmittelbare* Einfügung des Organismus in seine Umwelt. Die zweite, die geschlossene Form, jene der Tiere, bezeichnet die *indirekte* Einfügung des Orga-

[209] Helmuth Plessner, *Die Stufen des Organischen und der Mensch*, op. cit., S. 28.
[210] Ebenda, S. 284.

nismus in seine Umwelt und damit dessen Autonomie. Diese Idee prägt die philosophische Reflexion, die darum bemüht ist, die Einzigartigkeit des tierischen Lebens in Bezug auf das pflanzliche Leben auszumachen. Jonas' These lautet, »ein Individuum zu sein bedeutet, nicht-eingefügt-sein in die Welt« und »geringere Integration [...] in seine Umwelt ist ein Gradmesser seiner größeren Individualität«. Da »Individualität [...] Diskontinuität«[211] impliziert, ist sie Teil des Gegensatzes zwischen Geschlossenem und Offenem.

Dieses Begriffspaar gibt zu denken. Auch Frederik Buytendijk stützt sich auf die Plessner'schen Begriffe der offenen und geschlossenen Form, um die Trennlinie zwischen Pflanze und Tier nachzuzeichnen. Buytendijk, dessen Ansatz explizit phänomenologisch ist, hält die Vermitteltheit für die ontologische Disposition des tierischen Organismus. Dieser besitzt »nicht nur eine größere Reserviertheit als die Pflanze, sondern auch eine authentische Unabhängigkeit, das heißt eine Position in Bezug auf sich selbst, die für ihn eine *neue Existenzgrundlage* darstellt.«[212] Die Existenz ist eine Modalität des Lebendig-Seins. Der lebendige Körper eines gelebten Lebens (Leib), der eigene Körper oder die verkörperte Subjektivität, mehr oder weniger ausgeprägte individuelle Existenz: dies sind die Merkmale des tierischen und menschlichen Lebendig-Seins. »Der tierische oder menschliche Organismus lebt nicht nur, er *existiert,* d. h. er bildet ein Verhältnis zu der Umgebung, die [...] *mit* dem Tier oder dem Menschen, *für* sie und *durch* sie als Sinngefüge existiert.«[213]

---

[211] Hans Jonas, »Biological foundations of individuality«, op. cit., S. 605.

[212] Helmuth Plessner, zitiert nach Frederik Buytendijk, *Traité de psychologie animale,* übersetzt von Albert Frank-Duquesne. Paris: PUF, 1952, S. 21.

[213] Frederik Buytendijk, *Mensch und Tier. Ein Beitrag zur vergleichenden Psychologie,* op. cit., S. 18.

Kann man im Hinblick auf Pflanzen von »Sinngefügen« (*structures significatives*) sprechen? Vielleicht müssen wir den *Sinn* (*sens*) einer Sache, die die bewegliche und veränderliche Tiefe des Subjekts besitzt, das sie wahrnimmt und einzigartig empfindet, von der *Bedeutung* (*signification*) unterscheiden, die die ihr von ihrem Empfänger verliehene Unveränderlichkeit hat. Bedeutung ist der zentrale Begriff der Uexküll'schen Biologie. Sie ist mit der *Umwelt*[214] der Tiere verbunden. Haben auch Pflanzen eine eigene Welt, die aus Elementen besteht, die für sie Sinn oder Bedeutung (auf diese Unterscheidung wird noch zurückzukommen sein) erzeugen?

Uexkülls Überlegungen über die Tierwelten beginnen mit dem berühmten Beispiel der Zecke. Ohne Seh- oder Gehörvermögen, hat die Zecke doch einen Geruchssinn, der ihr ermöglicht, die Säugetiere auszumachen, von deren Blut sie sich ernährt. Die Buttersäure wirkt auf sie »als Signal«[215]: Sie löst bei ihr eine einzige, immer gleiche Reaktion aus, nämlich, sich auf ihre Beute fallen zu lassen, um sich von ihr zu ernähren. Uexküll zufolge reicht das aus, um die Zecke zum Subjekt zu machen, insofern, als sie eine Unterscheidung zwischen den Informationen vornimmt, die das Säugetier, das sich in ihren Bereich vorwagt, ihr liefert. Aber es ist nicht richtig, dass sie »ihrer Beute auflauert«[216]. Das ist ein Malapropismus, mit dem wir dieser Handlung eine Zielgerichtetheit zuschreiben, eine Zielgerichtetheit, die, so Uexküll weiter, nur für die »höchsten Säugetiere«[217] gilt, und folglich auf verwurzelte und autotrophe Pflanzen noch weniger zutrifft. Die perfekte Anpassung eines Tieres an seine Umwelt, die sich im »Funkti-

---

[214] Im Original deutsch (Anm. d. Ü.).

[215] Jakob von Uexküll, *Streifzüge durch die Umwelten von Menschen und Tieren. Bedeutungslehre.* Frankfurt/M.: Fischer, 1983, S. 6.

[216] Ebenda, S. 50.

[217] Ebenda.

onskreis« (einem Wahrnehmungssignal folgt eine Handlung) manifestiert, resultiert aus einer »versteckten Teleologie,«[218] die Uexküll den »Bauplan der Natur« nennt. Verlieren wir nicht aus den Augen, dass es dem Biologen hier darum ging, der Biologie ihre angestammte Originalität zurückzugeben und sie von den damals vorherrschenden mechanistischen Erklärungen zu befreien.

Während die Zecke Uexkülls Annahme zufolge bereits ein Subjekt ist (sie nimmt wahr und handelt), sind nicht alle Tiere nach diesem Modell zu verstehen: »Wenn ein Hund läuft, so bewegt das Tier seine Beine; wenn ein Seeigel läuft, so bewegen die Beine das Tier.«[219] Doch wenn die Zecke eine Umwelt besitzt, eine eigene Umgebung, ließ die Untersuchung der tierischen Umwelten Uexküll in einigen ihrer Elemente Merkmale erkennen, die nicht auf Funktionskreise zurückführbar sind. Diese Elemente besitzen keinerlei objektive Realität und haben nur für dieses und kein anderes Tier eine Bedeutung, die somit »rein subjektiv«[220] ist. So veranlasst das Studium der Umwelten der komplexesten Tiere Uexküll dazu festzustellen, dass »ein jedes Subjekt in einer Welt lebt, in der es nur subjektive Wirklichkeiten gibt und die Umwelten selbst nur subjektive Wirklichkeiten darstellen,«[221] was anders ausgedrückt heißt, dass die Subjektivität die Grundlage der Umwelt ist, die daher eindeutig die Bezeichnung »Welt« im phänomenologischen Sinne des Begriffs verdient.

---

[218] Siehe hierzu den Artikel von Dragos Duicu: »La téléologie cachée dans la pensée biologique de Uexküll«, *Revue de métaphysique et de morale,* Nr. 101, 2019/1, S. 91-100.
[219] Jacob von Uexküll, *Streifzüge durch die Umwelten,* op. cit., S. 39.
[220] Ebenda, S. 92.
[221] Ebenda, S. 92.

Auch scheint es unrichtig, bei Pflanzen von einer Umwelt[222] zu sprechen, es sei denn, diese würde auf die Funktionskreise reduziert, mit deren Beschreibung die Analyse einsetzt.

Für jede Pflanze gibt es hervorstechende Elemente, also solche, auf die sie reagieren, und in diesem Sinne kann man beschreiben, was die Pflanze reagieren lässt. Weil Uexküll den Anspruch erhebt, einige Abstecher in das »unbekannte Land der Umwelt«[223] gemacht zu haben, lehnt er ausdrücklich die Vorstellung ab, Pflanzen hätten Wahrnehmungs- und Handlungsorgane, und somit Bedeutungsträger, Funktionskreise, perzeptiven oder aktiven Charakter. Die Pflanze kann daher »ihre Umwelt [nicht] aufbauen und beherrschen«[224]. Sie besitzt »keine besonderen Umweltorgane«[225], derartige Organe wären für sie nutzlos, da sie in ihre Wohnwelt eingebettet ist. Die Wohnwelt ist also nicht Umwelt. Was die beiden unterscheidet, ist zunächst kein geographisches Kriterium, obschon wir »die Wohnwelt einer Pflanze [...] um ihren Standort herum abgrenzen können«[226] – aber wohl kaum die Umwelt, die unendlich ausgedehnt werden kann. »Die Beziehungen der Pflanze zu ihrer Wohnwelt sind durchaus andere als die der Tiere zu ihrer Umwelt. Nur in einem Punkte stimmen die Baupläne der Tiere und Pflanzen überein. Beide treffen eine genaue Auswahl unter den auf sie eindringenden Wirkungen der Außenwelt.«[227] Diese »Auswahl«, wir erinnern uns, ist das Ergebnis des »Bauplans der Natur,« wobei diese nach der Analyse von Dragos Duicu eine Art von zeitlosem »Übersubjekt« ist, das einen ewigen Plan aufweist, in dem Interaktionen und Beziehungen immer

---

222 Im Original deutsch (Anm. d. Ü.).

223 Jacob von Uexküll, *Streifzüge durch die Umwelten,* op. cit., S. 94.

224 Jakob von Uexküll, *Bedeutungslehre.* Leipzig: Verlag Johann Ambrosius Barth, 1940, S. 10.

225 Ebenda.

226 Ebenda, S. 13.

227 Ebenda, S. 10.

schon vorgesehen sind,[228] gleichgültig, ob sie nun Tiere oder Pflanzen betreffen.[229]

Uexküll unterscheidet ausdrücklich Bedeutungsträger und Bedeutungsfaktoren. Bedeutungsträger sind tierisch, Bedeutungsfaktoren pflanzlich. Während Uexküll sowohl bei Tieren als auch bei Pflanzen von *Reizen* spricht, registrieren Pflanzen sie dank einer »lebenden Zellenschicht« und nicht über Wahrnehmungsorgane;[230] bei den Pflanzen handelt es sich nicht um Funktionskreise.[231] Ohne Sinnesorgane und Nervensystem befinden sich die Pflanzen in der Aktion, nicht in der Wahrnehmung. Insofern gibt es keinen Funktions*kreis*.

Kommen wir wieder zur Bedeutung. »Durch die Beziehung allein verwandelt sich der Gegenstand in den Träger einer Bedeutung.«[232] Die Bedeutung wird ihm von einem Subjekt übertragen. Es ist der Beobachter, der in ihm diesen oder jenen Sinn erkennt, der variiert, während sich die Eigenschaften des Objekts nicht verändern. Diese Bedeutung würden wir anhand der Unterscheidung, die wir zwischen Sinn und Bedeutung getroffen haben, die im Deutschen besteht, eher als Sinn bezeichnen. Uexküll verwendet überdies den Begriff Bedeutung (bereits im Titel der *Bedeutungslehre*). Lebewesen, die einem Gegenstand nur eine einzige Bedeutung verleihen, unterscheiden sich von jenen, denen es passieren kann, dass ein Objekt für sie mehrere Bedeutungen hat. Damit gäbe es eine dem Sinn

---

228 Dragos Duicu, »La téléologie cachée dans la pensée biologique de Uexküll«, op. cit., S. 100.

229 Dieser Bauplan der Natur zeigt sich im »Verhalten von Bedeutungsfaktoren bei den Pflanzen und den Bedeutungsträgern bei den Tieren zu ihren Bedeutungsverwertern [...] besonders deutlich.« (*Bedeutungslehre*, op. cit., S. 31). Diesen Punkt entwickelt Uexküll im folgenden Abschnitt: »Die Kompositionslehre der Natur«.

230 Ebenda, S. 10.

231 Ebenda, S. 13.

232 Ebenda, S. 4.

inhärente Mehrstimmigkeit, weil er von einem nie feststehenden subjektiven Blickwinkel ausgeht, und eine Einstimmigkeit der Bedeutung, weil sie von den lebenswichtigen Notwendigkeiten gesteuert wird, die somit nach objektiven und feststehenden Kriterien eine Auswahl treffen. Bei den Pflanzen gibt es Bedeutungsfaktoren, und der Bedeutung gebührt in den Augen des Biologen »*bei allen Lebewesen der erste Rang.*«[233] Pflanzen sind Lebewesen, die nicht das mehrdeutige Leben der Tiere führen.

Dieser lange Exkurs über die Umwelttheorie bei Uexküll unterstreicht zusätzlich dazu, dass er ein Beitrag zur Klärung der Frage ist, ob Pflanzen eine *Umwelt*[234] haben, neuerlich die Bedrohung des durch einen so sehr einer oberflächlichen empirischen Kontinuität verpflichteten Blick entstandene Hindernisses, vor dem Plessner gewarnt hat.[235] Pflanzen, Einzeller, aber wahrscheinlich auch wenig differenzierte Tiere, die ihre Identität aus der Kolonie beziehen, der sie angehören, haben kein Lebendig-Sein, oder im Sinne, wie Buytendijk sie versteht, keine Existenz, denn diese Wesen reagieren auf eine Situation nicht mit einem Verhalten in der Bedeutung von Merleau-Ponty,[236] die Buytendijk übernimmt. Sie reagieren als lebendiger Organismus, verhalten sich aber nicht als singuläres Individuum, in dessen Psyche eine Lebensgeschichte eingeschrieben ist. *Irgendwo* sein bezeichnet in der dynamischen Perspektive einer vom Individuum gewählten Situation, einer Position oder Lokalisation die Tatsache, variabel und kontingent mit der selbst wiederum variablen Umwelt korreliert zu sein. Die drei

---

233 Ebenda, S. 14.

234 Im Original deutsch (Anm. d. Ü.).

235 Siehe oben im ersten Abschnitt: »Die zwei Pole des Organischen – die Grammatik des Lebens«.

236 Maurice Merleau-Ponty, *Die Struktur des Verhaltens.* Aus dem Französischen übersetzt und mit einem Vorwort von Bernhard Waldenfels. Berlin, New York: de Gruyter, 1976.

»absoluten« Bedingungen jedes Verhaltens lauten, »irgendwo, irgend mit etwas und irgend in etwas zu sein«. Sie bewirken die Tatsache, situiert zu sein.[237] Das Verhalten ist die Summe von »Akte[n], die auf eine Situation gerichtet sind, also als Ausdruck einer erlebten Bedeutung und einer intendierten Handlung.«[238] Sein Leben zu entfalten, heißt für ein Tier die Tatsache, »*trotz dieser immerwährenden Veränderung es selbst zu bleiben,«*[239] und dies dank einer Autonomie, die, so Buytendijk weiter, Hegel zufolge Unruhe erzeugt. Das pflanzliche Leben, das nicht erfahrungsmäßig ist, ist kein unruhiges Leben. Es ähnelt vielmehr einer reinen Kraft.

In der eingenommenen vergleichenden Perspektive sind die Kriterien, die ontologisch das Tierleben auszeichnen, Autonomie, spontane Bewegung und mittelbare Korrelation, was im Begriff der »geschlossenen Form« enthalten ist. Hinzu kommt ein echtes Für-sich und ein *Leib*[240]. Dieses Lebewesen geht auf sich selbst zurück, da es für sich keine absolute Koinzidenz ist: Es ist im Wesentlichen Vermittlung. Es hat eine einheitliche Vorstellung von seinen Gliedern, so Plessner weiter, es besitzt ein Zentrum, und mit der »Entstehung eines Zentrums [verdoppelt] sich der Körper«[241]: der physische *Körper* wird zum erlebten *Leib*. Das Zentrum ist nicht lokalisierbar, als wäre es ein Teil des Organismus. Es ist »raumhafte Mitte als Strukturmoment der Positionalität des lebendigen Körpers«[242]. Man könnte sagen, dass dieses Zentrum die Dynamik des lebendigen Körpers ist, der dadurch zum Leib wird. Die Pflanze hat einen Stängel, Blätter, Blüten und Früchte, doch das Selbst, das dieses Ganze bildet, tritt nicht »zu ihrem Körper als einem Leib in

---

[237] Frederik Buytendijk, *Mensch und Tier,* op. cit., S. 12.
[238] Ebenda, S. 19.
[239] Frederik Buytendijk, *Traité de psychologie animale,* op. cit., S. 66.
[240] Im Original deutsch (Anm. d. Ü.).
[241] Helmuth Plessner, *Die Stufen des Organischen,* op. cit., S. 296.
[242] Ebenda, S. 297

wirklichen Gegensatz«[243]. Die Bildung eines Zentrums direkt im Körper verändert diesen auf der Positionsebene radikal; sie schafft »die Grundlage für alle diejenigen Erscheinungen, die an die Existenz des Bewußtseins geknüpft sind«[244]. In Hegel'schen Begriffen besteht die Subjektivität der Pflanze nur an sich und nicht für sich. Zum Fehlen einer echten inneren Differenzierung und echter Geschlechtsbeziehungen kommt das Fehlen der Fortbewegung der Pflanze. Ihre Verwurzelung erfolgt an einem Ort, den sie nicht von sich aus bestimmt und dem sie nicht entkommen kann. Er ist, wie wir von vorneherein betont haben, sogar ihr Muss, insofern, als die Pflanze den Prozess des spontanen Wachstums nicht unterbrechen kann, das sie an ihn bindet. Diese Unmöglichkeit hält sie in der Unwissenheit der Absonderung dieses Ortes fest: Würde die Pflanze diese kontinuierliche Verbindung zum Außen kappen, würde sie als wirklich subjektives Wesen existieren, also fähig, das Selbst zu verinnerlichen, das die Pflanze außerhalb ihrer selbst im Sonnenlicht sucht.[245]

---

243 Ebenda, S. 298.
244 Ebenda.
245 Friedrich Hegel, *Enzyklopädie der philosophischen Wissenschaften*. Werke 9: Zweiter Teil: *Die Naturphilosophie,* op. cit., S. 374; vgl. auch die Präsentation dieses Punktes von Bernard Bourgeois in der französischen Übersetzung: *Encyclopédie des sciences philosophiques. II, philosophie de la nature*. Übersetzt von Bernard Bourgeois. Paris: Vrin, »Bibliothèque des textes philosophiques«, 2004, S. 87.

Sind Pflanzen Individuen? Individualität und Ipseität

Fragen der Individualität[246] und des Selbst sind miteinander verschränkt. Ohne Selbst gibt es kein Individuum und kein Selbst ohne Individualität, so scheint es. Nach dem zentralsten und entscheidendsten qualifizierenden Kriterium sind Pflanzen eindeutig keine Individuen. Ein Individuum ist definitionsgemäß ein unteilbares Ganzes, das heißt ein Ganzes, dessen Teilung seine Vernichtung impliziert. Die Teilung von Pflanzen lässt aber andere Individuen entstehen. Plessner bemerkt: »Ein großer Botaniker hat die Pflanze geradezu das ›Dividuum‹ genannt.«[247]

Ihre Fähigkeit, sich zu vervielfältigen, lässt weitgehend darauf schließen, dass Pflanzen kein Selbst besitzen. Wo wäre ein Selbst zu verorten, das unaufhörlich seinen Sitz verlässt, und wo befände sich dieser Sitz: im Stängel, im Stamm, den Blättern oder den Ästen (allen?), den Blüten, den Wurzeln mit ihren tausendfachen Verzweigungen? Das Fehlen eines Zentrums ist auf morphologischer Ebene offensichtlich, und das Fehlen eines Selbst ist es auf der biologischen Ebene, obschon die Sache Debatten auslöst. Jedenfalls können sich Pflanzen mit dem Nicht-Selbst mischen. Die gängige Praxis der Pfropfung demonstriert das. Sie stellt im Übrigen in den Augen der Biologen eine Art ausschlaggebendes Experiment dar. In diesem Sinne »gibt es [daher] im Pflanzenreich streng genommen kein Immunsystem,« und Jean Dausset nimmt als Beweis dafür die Tatsache, dass man zum Beispiel einen Birnbaum auf einen Apfelbaum pfropfen kann; »wo ist das Selbst« in diesem Fall,

246 Für einen Überblick zu dieser Frage des Individuums vgl. die Studie von Véronique Le Ru, *L'Individu dans le monde vivant*. Mailand: Mimesis, »Philosophie«, 2015.

247 Helmuth Plessner, *Die Stufen des Organischen*, op. cit., S. 285.

fragt er.[248] Hingegen zeigt »die Unmöglichkeit der Pfropfung greifbar und operational die Wirklichkeit des biologischen *Selbst,*« betont Jean-Marie Claverie.[249] Der Nachweis einer »Immunantwort« vom Typ des »programmierten Zelltods« bei »vielen Pflanzen«, der die pathogene Stelle angreift, den Thomas Pradeu anführt, um damit die These eines Selbst zu verteidigen,[250] stellt die Inexistenz eines Selbst meiner Meinung nach nicht in Frage. Denn kann man allein deshalb auf das Vorhandensein eines »Selbst« schließen, weil sich ein Organismus gegen einen Eindringling verteidigt? Braucht ein Selbst nicht, wenn schon kein reflektiertes Bewusstsein, dann jedenfalls das *Gefühl* für seine eigene Einheit? Nebenbei bemerkt stammt der Begriff »Selbst« aus Psychologie und Philosophie und wird von Biologen mit Vorsicht verwendet, denn er müsste ein rein beschreibendes Konzept sein, und das ist er nicht. Es sagt viel über die Schwierigkeiten aus, die er bereitet, dass er in wissenschaftlichen Texten unter Anführungszeichen gesetzt wird. Anne-Marie Moulin erinnert daran, dass die Vorstellung eines Selbst, die in den 1960er Jahren in die Humanbiologie übernommen wurde, in der Beschreibung des immunologischen Prozesses notwendig impliziert, dass er »eine Bewegung, eine Differenzierung und schließlich eine Reflexivität im Organismus«[251] bezeichnen soll.

---

[248] Jean Dausset, »La définition biologique du soi«, in: Jean Bernard, Marcel Bessis, Claude Debru (Hg.), *Soi et non-soi.* Paris: Seuil, 1990; jeweils S. 24 und S. 95.
[249] Jean-Marie Claverie, »Soi et non-soi: un point de vue immunologique, in *Soi et non-soi,* op. cit., S. 35.
[250] Thomas Pradeu, *Les Limites du soi. Immunologie et identité biologique.* Montreal, Paris: Les presses de l'université de Montréal, Vrin, 2009, S. 32-34, S. 44 und S. 105.
[251] Anne-Marie Moulin, »La métaphore du soi et le tabou de l'auto-immunité«, in *Soi et non-soi,* op. cit., S. 57.

Im Gegensatz zu einer minimalen und beschreibenden biologischen Definition des Selbst als Zellreaktion ist jedoch auch eine unendlich extensive Definition des Selbst anzutreffen. Der Naturanthropologe Eduardo Kohn geht davon aus, dass »die Selbstheit nicht den Tieren vorbehalten ist, die ein Gehirn haben. Auch Pflanzen haben ein Selbst. Es beschränkt sich auch nicht auf physisch abgegrenzte Organismen.«[252] Sobald das Selbst als etwas konzipiert wird, das einen Interpretationsprozess hervorbringt und erzeugt, der aus Zeichen besteht, die wechselseitig interpretiert werden, ist das Selbst überall: Es kann sich auf mehrere Körper verteilen, und ein Körper kann mehr als ein Selbst haben. Auch wenn sie sich diametral widersprechen, haben die minimalistische biologische Definition und diese gemeinsam, dass sie, die eine wegen eines Mangels an Bedeutung, die andere wegen eines Übermaßes daran, den Begriff des Selbst verlieren. Wenn er für alle Fälle zutrifft, wenn seine Ausdehnung und sein Verständnis nicht abgegrenzt sind, sind seine konzeptuellen Ansprüche zwecklos.

Sind Pflanzen zu lesen, als wären sie Tiere oder Menschen? Biologen, die sich darum bemühen, dem Pflanzenleben Achtung zu erweisen, teilen nicht unbedingt die Vorstellung, dass Pflanzen ein Selbst haben. Eine von ihnen, Sylvie Pouteau, scheut sich nicht, »zwei radikal unterschiedliche Arten, in der Welt zu sein« zu unterscheiden, die zur Feststellung einer »ontologischen Differenz« zwischen dem tierischen und dem pflanzlichen Leben führen. Denn die Organe der Pflanzen »bleiben offen und ohne echtes ›Innen‹ [...] man wird nie behaupten können, dass eine Pflanze ›sich ernähre‹«[253]. Die Kehrseite dieser Beschreibung entspricht der Ipseität, Selbst-

[252] Eduardo Kohn, *Comment pensent les forêts,* op. cit., S. 112.

[253] Sylvie Pouteau, »Point, ligne et plante: l'être végétal comme expérience de seuil existentiel«, in Roberto Barbanti und Lorraine Verner (Hg.), *Les Limites du vivant.* Bellevaux: Éditions Dehors, 2016, S. 352.

sorge und vermittelter Beziehung zu sich selbst. Und es braucht keinerlei Berufung auf ein sprachlich-reflexives Bewusstsein, um diese Ipseität festzustellen: Die Selbstgegenwärtigkeit ist das Gefühl, über Erfahrungen hinweg dauerhaft man selbst zu sein, die doch in einer Zeit, einem Raum und in Situationen ablaufen, die sich unaufhörlich unterscheiden. Hier wäre die Aussage, eine Pflanze ernähre »sich«, ein falscher Sprachgebrauch, denn direkt und passiv aufzunehmen, was die Umwelt bietet, in der sie verwurzelt ist, ohne jeden intentionalen Akt (wenn die Intentionalität notwendig eine transzendentale Struktur mobilisiert), kann das Individuum nicht beanspruchen, es würde für dieses Selbst Sorge tragen. Mit anderen Worten, *es gibt keine pflanzliche Oikeiosis*[254].[255]

Erinnern wir mit Plessner daran, dass empirische Kriterien, einzeln genommen, den Kern des pflanzlichen oder tierischen Lebens nicht offenbaren können. Die Evolution schließt »Übergänge« ein. Zentrumslose Tiere oder Pflanzen mit der Fähigkeit, organische Substanzen zu assimilieren, grenzen zum Beispiel an »ausgesprochene Formen« an: jene, die eindeutig Tiere oder Pflanzen sind.[256] Daher gilt es zu vermeiden, die Bestimmung von Individualität allein der bequemen Lösung eines empirischen Überblicks zu überlassen. Wenn die neurale Zentralisierung auch ein Indiz für ein »Selbst«[257] konstituiert, ist es die freie Ortsveränderung in der Umgebung, die,

---

[254] Die *Oikeiosis,* ein zentrales Konzept der Stoiker, kann als Affinität zu sich selbst, immanente und dem Individuum inhärente Zweckbestimmtheit, oder auch als intentionale Ausführung von Verhaltensweisen definiert werden, die dazu bestimmt sind, die Selbsterhaltung zu sichern.
[255] Diese Vorstellung scheint Erwin Straus anzusprechen, wenn er schreibt: »Die Pflanzen, ihre Wurzeln in den Boden gesenkt, sie brauchen nicht, sie können nicht für sich sorgen.« (*Vom Sinn der Sinne. Ein Beitrag zur Grundlegung der Psychologie.* Berlin: Springer, 1956, S. 238).
[256] Helmuth Plessner, *Die Stufen des Organischen*, op. cit., S. 301.
[257] Hans Jonas, »Biological foundations of individuality«, op. cit., S. 606.

weit mehr als ein Indiz, ein distinktives Zeichen ist. Denn es ist die autonome Bewegung und die größere Ausgesetztheit an die Außenwelt, die mehr als das Gehirn, wie Bergson anmerkt,[258] Bewusstsein hervorbringt.

In einer Studie, die er der Individualität widmet, fragt sich Raymond Ruyer eingangs, ob ein Wesen »*mehr oder weniger* ein Individuum« sein kann, ob Individualität »abstufbar«[259] ist. Die Vorstellung einer nicht genau zuordenbaren Individualität wird (von den dreißiger Jahren an) durch Daten angedeutet, die mehrere Disziplinen vorlegten, die Physik, die Biologie und die Psychologie. Die Vielfalt an mehrzelligen Organismen bietet »alle möglichen Abstufungen von Individualität« und in der Biologie ist »Individualität eine schwankende Eigenschaft«[260]. Individualität ist nicht in jeder der drei Disziplinen gleich zu verstehen. Die biologische Definition der Individualität, wenn sie auf der physikalisch-chemischen Ebene gesucht wird, kann sich derjenigen der Physik annähern. Müssen wir uns aber nicht der Psychologie zuwenden, um zu erfassen, was die Einheit des Individuums ausmacht? Denn Individualität ist »ursprünglich eine psychologische Intuition,« so sehr, dass Ruyer es als »ein wenig gewollt«[261] erachtet, sie gemäß der Physik oder Biologie zu erwähnen. Individualität kann, wenn man genauer nachdenkt, nicht ohne einen »subjektiven Gegenpart«[262] existieren, denn sie ist nicht einfach eine einheitliche Zusammenfügung – sie ist das, was zusammenfügt. Eloquent erinnert Ruyer an »die seltsame und unglaubliche wahre Geschichte,« nämlich dass jedes »Ich«

[258] Siehe Fußnote 11, *Die zwei Pole des Organischen – die Grammatik des Lebens,* S. xx.

[259] Raymond Ruyer, »L'individualité«, *Revue de métaphysique et de morale,* Nr. 47, Bd. 3, 1940, S. 286.

[260] Ebenda, jeweils S. 299 und S. 300.

[261] Ebenda, S. 300.

[262] Ebenda, S. 303.

– das des »geringsten Tieres« ebenso wie das des »Philosophen« – das Ergebnis zweier völlig unterschiedlicher Individuen ist.[263] Diese Tatsache erlaubt es zu verstehen, inwiefern Individualität grundlegend psychologisch ist. Individualität *»ist keine resultierende Einheit [...] sondern eine unmittelbare Einheit«*[264]. Chemische Botschaften, integrative Wirkung des Nervensystems, physische Verbindungen sind »Hilfsverfahren,« deren Koordination nur dank einer »Einheit am Scheitelpunkt« erklärbar ist, die »notwendig unmittelbar«[265] ist. Oder auch: Hormone, Signale, Gerüche, Auslöser aller Art sind »wie der Taktstock des Dirigenten: sie perfektionieren die Koordination, erschaffen aber weder die Symphonie noch ihre profunde Einheit«[266]. Zeigen Pflanzen, die, wie wir gesehen haben, teilbar sind, die ein wenig lokalisierbares Selbst haben und deren Eigenschaften nur in den biologischen und chemischen Verbindungen auszumachen sind, eine subjektive Individualität, die einzige, die wirklich Individualität beweist? Die Antwort lautet nein.

Setzen wir die Untersuchung dieser Frage mit der Analyse fort, die Hans Jonas den biologischen Grundlagen der Individualität widmet.[267] Dieser Text ist bedeutsam, denn Jonas legt hier endlich das pflanzliche Leben klar gesondert dar. Denn dieses, merkt Renaud Barbaras an, scheint implizit »kaum anfechtbar [...] das Modell [darzustellen], von dem ausgehend der Begriff des Stoffwechsels konstruiert wurde«[268]. Wenn für

---

263 Raymond Ruyer, »L'individualité« (suite et fin), *Revue de métaphysique et de morale,* Nr. 47, Bd. 4, 1940. S. 389.
264 Ebenda, S. 405.
265 Ebenda.
266 Ebenda, S. 407.
267 Hans Jonas, »Biological foundations of individuality«, op. cit., FN 6, S. 57.
268 Renaud Barbaras, *Introduction à une phénoménologie de la vie.* Paris: Vrin, »Problèmes et controverses«, 2008, S. 218.

Jonas, so Barbaras weiter, »die Pflanze das Modell des Lebendigen bleibt, [...] ist das Tier die Pflanze *mit etwas Zusätzlichem* – Motilität, Perzeption, Emotion«[269]. Diese kompensieren zu einem gewissen Grad, was dem Tier im Vergleich zur Pflanze *fehlt:* Autotrophie und Photosynthese, die den Pflanzen die Nahrungssuche ersparen. Dadurch wird die Pflanze Scheler zufolge der »größte Chemiker unter den Lebewesen [weil sie] ihr organisches Aufbaumaterial aus den anorganischen Substanzen selber bereitet«[270]

Nichts lässt darauf schließen, dass Pflanzen nicht in dem metabolischen Modus existieren würden, wie Jonas ihn insbesondere in *Das Prinzip Leben*[271] beschreibt. Dieses elementare Lebensprinzip wäre damit auch das des pflanzlichen Lebens. In dem Artikel, den er den biologischen Grundlagen der Individualität widmet, behält Jonas dem pflanzlichen Leben einen ganz eigenen Platz vor, während er eine Kontinuität zwischen Stoffwechsel und tierischem und menschlichem Leben etabliert. Beginnen wir damit, die Hauptzüge seiner Konzeption des Stoffwechsels darzulegen, wie er sie in *Das Prinzip Leben* ausgearbeitet und einige Jahre später in »Evolution und Freiheit« aufgenommen hat, und gehen wir dann der Frage nach, in welchem Sinne Jonas dem pflanzlichen Leben in »Biological Foundations of Individuality« einen Sonderstatus zuschreibt, einem Artikel, der 1968 publiziert wurde, also nur zwei Jahre nach der Erstausgabe von *Das Prinzip Leben.*

Sein Verständnis des Phänomens Leben ist ganz dem Stoffwechsel geschuldet. Denn Jonas behauptet die Existenz einer Kontinuität zwischen der grundlegenden Schicht des Austauschs von Materie zwischen dem primitivsten Organis-

---

269 Ebenda, S. 217.

270 Max Scheler, *Die Stellung des Menschen im Kosmos,* op. cit., S. 14.

271 Hans Jonas, *Das Prinzip Leben. Ansätze einer philosophischen Biologie.* Frankfurt/M.: Suhrkamp, 2011.

mus und seiner Umwelt (dem Stoffwechsel) einerseits, und der menschlichen Erfahrung der »großen Widersprüche«, die sie durchziehen, wie Freiheit und Notwendigkeit, Ich und Welt, Beziehung und Vereinzelung usw. andererseits.[272] Freiheit wäre damit von der metabolischen Ebene an vorhanden. Sie ist nichts anderes als das »Phänomen oder Prinzip Leben«.

Diese Freiheit muss von den psychologischen oder auch moralischen Bedeutungen, die traditionell damit verbunden werden, gereinigt werden. Ganz wie Schopenhauer, der fordert, dass der »Wille,« dessen Wirken in der Natur er offenlegt, in einem entsubjektivierten Sinn zu verstehen sei, besteht Jonas darauf, dass die »Freiheit,« die in seinen Augen bereits

---

[272] Ebenda, S. 10 und Hans Jonas, »Evolution und Freiheit«, in: ders., *Philosophische Untersuchungen und metaphysische Vermutungen.* Frankfurt/M.: Insel, 1992, S. 11. Ich werde mich hier nicht mit dem sehr problematischen Charakter dieser Kontinuität aufhalten, insofern, als die spontane Bewegung, die den Raum des bewussten Lebens eröffnet, nicht ausgehend vom Stoffwechsel beleuchtet werden kann. Ich verweise nur auf die entschiedene Kritik von Renaud Barbaras in »La phénoménologie de la vie chez Hans Jonas«, *Vie et intentionnalité. Recherches phénoménologiques.* Paris: Vrin, »Problèmes & controverses«, 2003, S. 43-54, und in »Le métabolisme«, *Introduction à la philosophie de la vie,* op. cit., S. 182-230. Zitieren wir einige Zeilen aus diesem letzten Kapitel: »Das Tier ist nur unter der Bedingung auf den Stoffwechsel zurückzuführen, dass es auf die streng biochemische Stufe der molekularen Synthesen und der zellulären Reproduktion reduziert wird, das heißt auf die Stufe dessen, was es mit der Pflanze gemeinsam hat – zulasten der psychologischen und ethologischen Ebene, auf der das Tier aufgrund seines Verhaltens, seiner eigenen Existenzweise erscheint. Aber selbstverständlich wird Mobilität nie auf der Ebene der biochemischen Analyse zu erkennen sein. So erfasst Jonas, indem er den Begriff des Stoffwechsels einführt, im Gegensatz zu seiner Behauptung das Leben nicht in seiner Phänomenhaftigkeit, er beschreibt nicht das Phänomen des Lebens. Er reduziert es im Gegenteil auf ein Niveau, das nicht mehr phänomenologisch, sondern objektiv ist (im Sinne der wissenschaftlichen Objektivität), eine Ebene, auf der tatsächlich eine präzise Bestimmung des Pflanzlichen möglich ist.« (S. 218-219). (Anm. d. Ü.: Die französische Übersetzung von *Das Prinzip Leben* trägt den Titel *Le Phénomène de la vie.*)

im metabolischen Stadium wirkt, als »ontologisch beschreibender Begriff«[273] aufgefasst werde. Sein Begriff will den für das Organische – nur das Organische – charakteristischen Seinsmodus beschreiben. Der Austausch mit der Umwelt würde in der Anstrengung, mit der die elementarste Einheit sich angesichts der ständig drohenden Gefahr der Auflösung, die auf ihr lastet, am Leben erhält, bereits eine Form von Selbstsorge erkennen lassen. »[So] führt die lebendige Form ihr vermessenes Sondersein in der Materie, paradox, labil, unsicher, gefährdet, endlich und tief verschwistert mit dem Tode.«[274] Doch, wie wir gleich sehen werden, verschwindet diese Angst um sich selbst, diese intime Verwandtschaft des Lebens mit dem Tod, im pflanzlichen Leben.

Das liegt, weiterhin Jonas zufolge, daran, dass der Organismus sich mit der Notwendigkeit konfrontiert sieht, sich mit seiner Umwelt auszutauschen, dass er ein Verhältnis zu etwas anderem als sich selbst eingeht; das Leben, so Jonas, ist in diesem ersten Sinne intentional.[275] Die Notwendigkeit wird hier als Urform von Transzendenz konzipiert: »Mit der Transzendenz des Lebens meinen wir, dass es einen Horizont jenseits seiner punktuellen Identität unterhält.«[276] Darin liegt seine Selbstranszendenz. Sie impliziert eine erste Form von Innerlichkeit, von Subjektivität. Die metabolische Aktivität wäre so »eine selbstzentrierte Individualität [...] für sich seiend und in Gegenstellung gegen alle übrige Welt, mit einer wesentlichen Grenze zwi-

273 Hans Jonas, *Das Prinzip Leben,* op. cit., S. 18, und *Evolution und Freiheit,* op. cit., S. 13.

274 Hans Jonas, *Erinnerungen*, Brief vom 31. März 1944. Frankfurt/M., Leipzig: Insel Verlag, 2003, S. 362.

275 Ebenda, S. 359: »[diese] Selbsttranszendierung durch die Bedürftigkeit [...] stiftet so die Intentionalität als einen Grundcharakter alles Lebens.«

276 Hans Jonas, »Evolution und Freiheit«, op. cit., S. 27, und *Das Prinzip Leben,* op. cit., S. 100.

schen Innen und Außen«[277]. Der Begriff Selbst (oder Ipseität) im Sinne einer um sich selbst besorgten Einheit, sei damit für die Beschreibung von Organismen angemessen, die dem Metabolismus unterliegen. Mit anderen Worten, ihre Identität ist eine innere Identität, die das Spiel des Austausches einschließt.

Für Jonas scheinen sich die Konturen einer Ipseität bereits vor dem Auftauchen des tierischen Lebens abzuzeichnen, weil das Leben nur im Sich-Entgegenstellen existiert: zunächst gegen die leblose Materie im Fall der einfachsten Organismen, dann gegen eine weite und teilweise unbekannte Außenwelt im Fall selbstbewegter und mit Wahrnehmung begabter Wesen. In dieser Perspektive der Kontinuität wären das elementare organische Leben (Zellebene), das pflanzliche Leben, das tierische Leben und das menschliche Leben jeweils im Blick des anderen nur ein mehr oder weniger komplexes, mehr oder weniger gespaltenes Moment.

Wenn Jonas sich fragt, was die Individualität von einem »inneren Standpunkt« aus definiert, beschreibt er einen »spezifischen Existenzmodus,«[278] der nicht derjenige der Pflanzen ist. Individuierte Einheiten sind jene, denen die ständig erneuerte Aufgabe zukommt, der konstanten Eventualität des Nicht-Seins entgegenzutreten. Jene, die dadurch ihrem Wesen nach vergänglich sind und deren Identität über die Zeit selbsterschaffen ist. Jene, deren Differenz zum Anderen ein dynamisches Attribut ihres Seins darstellt.[279] Hans Jonas bleibt der Vorstellung treu, dass die substantielle Einheit eine Form von *Freiheit* gegenüber der eigenen Substanz ausdrückt, insofern, als weder ihre Materie noch ihre Form noch ihre Verbindung ihre innere Identität begründen können. Der Bereich der Individualität fällt mit dem

---

[277] Hans Jonas, »Evolution und Freiheit«, op. cit., S. 20.
[278] Hans Jonas, »Biological foundations of individuality«, op. cit., S. 586.
[279] Ebenda.

der Biologie in ihrer Gesamtheit zusammen; der Metabolismus bleibt für Jonas die »Grundlage [*groundwork*] der Funktionen von Wahrnehmung, Fortbewegung und Begehren«[280].

Doch Jonas zeigt, dass die pflanzliche Organisation sich radikal von dieser Struktur unterscheidet, als würden Pflanzen nicht den Normen des Lebens gemäß leben. Die bereits auf sich selbst zentrierte Zelle liefert kein Interpretationsraster für das pflanzliche Leben. *Das pflanzliche Leben entwickelt sich nicht nach dem Modell des Metabolismus.* Zu diesem zentralen Punkt müssen wir Hans Jonas ein wenig ausführlicher zitieren: »Es ist seltsam, dass in der Evolution hin zum vielzelligen Leben der Grad der Individuation [des Vielzellers] sich vorübergehend verliert – um sich erst auf einer höheren Stufe, in den letzten Etappen und nur in der *tierischen* Evolution wiederzufinden [...]. So begann das Abenteuer des vielzelligen Organismus, der letztlich den höchsten Typus der Individuation hervorgebracht hat, mit der teilweisen Auslöschung des Individualitätsgrads, der bereits in den ursprünglichen, protozoischen Elementen des Lebens erreicht worden war. Diese ursprüngliche Individualität wird im *Pflanzen*reich trotz der starken Integration und der breiten funktionalen Differenzierung nicht wiedererlangt, die die größten Pflanzen erkennen lassen. Die am stärksten ausgeprägte *morphologische* Individualität eines Baums wird nicht von einer inneren Individualität begleitet, wie sie bereits in der Zentralisierung der einzelnen Amöbe zu erkennen ist.«[281]

Vorübergehendes Verschwinden, Auslöschung – etwas geht im pflanzlichen Leben verloren, und dieses Etwas ist eben das, was Jonas das Phänomen des Lebens nennt. Das pflanzliche Leben würde demnach ein ganz anderes Leben leben als jenes, das wir uns vorstellen und erleben können, also das zerbrechliche, vorübergehende, riskante und unruhige Leben,

280 Ebenda, S. 587.
281 Ebenda, S. 598.

das zwischen den beiden Punkten Geburt und Tod verläuft. Individualitäten, die dem Blick materiell gegenübertreten, sind dies nur formal. Sie verfügen nicht über die innere Identität, die ein Zentrum der Besorgnis um sich selbst formt, allerdings auch, so könnten wir hinzufügen, wegen alldem, was die Pflanzenbiologie uns über ihr Leben im Netzwerk und ihre unendliche Fähigkeit sich wiederzubeleben lehrt. Die zuvor zutage geförderten Eigenschaften des pflanzlichen Lebens erscheinen nun in ihrer ganzen philosophischen Bedeutung. Denn die Analyse der Individualität vom inneren Standpunkt aus ermöglicht es, die ontologische Ebene zu erreichen – nicht diejenige der resultierenden Einheit, sondern der unmittelbaren Einheit (Raymond Ruyer), die ein Zugang, der sich auf die physikalisch-chemische Ebene versteift, nie liefern könnte, der gegenüber jeder anderen Aktivität des Individuums blind bleiben muss.

Raumhafte Bewegung – Zentriertheit und Freiheit

Die Ebene der Beobachtung liefert eine nicht nur weithin anerkannte, sondern auch relevante Unterscheidung, stellt Jonas fest. Jeder kann diese bei allen Tieren und allen Pflanzen wahrnehmen: Die einen bewegen sich, die anderen nicht. Dieser Unterschied ist das »Symbol« und sogar der Kern »aller noch so subtilen Unterscheidungen bezüglich der Empfindungsfähigkeit, der Zentralisierung, der Individualität und der Freiheit«[282]. Da Pflanzen verwurzelt sind, könnten sie mit der Zentralisierung und Individualität der Tiere nichts anfangen, ebenso wie die selbstbeweglichen Tiere nicht ohne Zentralisierung und Individualisierung existieren könnten. Gegen jede Intuition ist das auf sich zentrierte Wesen nicht das immobile

[282] Ebenda, S. 259.

und seiner Umwelt immanente. Jacques Tassin bringt diese paradoxe ontologische Sachlage perfekt zum Ausdruck, diejenige eines Lebewesens, das nicht sich selbst gehört und das zu einem Grad, dass es in das andere übergeht. Das Pflanzesein wäre demnach ein buchstäblich entfremdeter Zustand. »Unfähig, den Raum wahrzunehmen, der ihn [den Baum] umgibt, dehnt er sich dennoch in ihn aus, gestaltet ihn, überlässt die Samen seiner Nachkommenschaft dem Zufall des Windes oder der Vögel. Jeder von uns ist nur mit sich selbst eins. Der Baum dagegen ist entindividualisiert, unbestimmt in seinen Konturen, aber auch mit dem anderen vermengt.«[283]

Weil ein Wesen mobil ist und sich frei fortbewegt, benötigt es diese Zentralität: Es muss gegenüber den unterschiedlichen Dingen, die es erforscht, unaufhörlich es selbst bleiben. »Es ist durchaus dasselbe Tier,« das sich, nachdem es seine Flügel ausgebreitet oder seine Beine gestreckt hat, um zu fliegen, zu springen oder zu laufen, erneut in eine unbewegte Position begibt, und das »willentlich«: »Die tierische Bewegungsfähigkeit [...] lässt Identität in Veränderung zu.«[284] Im Gegensatz dazu transformiert die Modifikation, die die Pflanze betrifft (in der ihre Entwicklung liegt), zum Beispiel die Blüte oder das Austreiben, sie »in ihrem Sein«[285]. Die Möglichkeit, in der Veränderung man selbst zu bleiben, ist die gemeinsame Manifestation von Individualität und Freiheit. Die verwurzelte Bewegung ist vollkommen einem Notwendigkeitsregime unterworfen: Die Pflanze wird von ihrer Umgebung bewegt. Die spontane Bewegung, die Tatsache, dass ein Individuum *sich* bewegt, reißt es völlig mit: »In allen Formen animalischer Bewegung [...] ist das Gesamtmotorium engagiert, wenngleich in wechselnder

---

[283] Jacques Tassin, *À quoi pensent les plantes?*, op. cit., S. 119.
[284] Hans Jonas, »Biological foundations of individuality«, op. cit., S. 603.
[285] Ebenda.

Verteilung der Komponenten. Nicht der Quadriceps flieht, sondern das Tier als Ganzes ist in Bewegung [...] Nicht Reize bringen Muskeln zu Kontraktionen, sondern die Gegenstände innerhalb des Sinnen-Horizonts bestimmen die Bewegungsrichtungen.«[286] Die notwendige Verbindung, die Erwin Straus zwischen dem Fühlen und dem Sich-Bewegen etabliert, kann nicht aus der analytischen Untersuchung der physiologischen Phänomene abgeleitet werden, die Gefühle und Bewegungen begleiten. Nur das Verhalten des Organismus (des tierischen oder menschlichen Körpers) in Bezug auf die Welt offenbart seine psycho-biologische Einheit.

Das Verständnis von Individualität »von einem inneren Blickwinkel aus« und nicht die zahlenmäßige Singularität, die Information der Materie oder der äußeren Beziehungen veranlasst Hans Jonas, die *Zentralisierung* von der organischen *Einheit* zu unterscheiden. Die Zentralisierung ist eine »neue Tatsache in der Evolution,« eine Tatsache, die dem tierischen Leben vorbehalten ist, und entspricht der »Entwicklung der Empfindungs- und Bewegungsfähigkeit,«[287] die nicht unabhängig voneinander zu verstehen sind. Tierische Bewegung ist nicht einfach eine ausgeprägtere Bewegung als jene der Pflanzen. Dieser Unterschied, der auf der Ebene der phänomenologischen Analyse deutlich wird, zeigt sich auch in der einfachen empirischen Beobachtung: die Geschwindigkeit der Bewegung, ihr räumlicher Maßstab, ihr gelegentliches oder ständiges, variables oder vordefiniertes, reversibles oder irreversibles Wesen, usw. Es handelt sich nicht um einen graduellen Unterschied. Die tierische Bewegung verkörpert eine »qualitativ neue Stufe der Existenz über der pflanzlichen«[288]. Pflanzen leben nicht so wie die

---

[286] Erwin Straus, *Vom Sinn der Sinne,* op. cit., S. 239.
[287] Hans Jonas, »Biological foundations of individuality«, op. cit., S. 599.
[288] Ebenda, S. 602.

Tiere. Die Neuerung, die das tierische Leben in der Evolution darstellt, lässt eine »Spannung«[289] aufkommen, der das pflanzliche Leben völlig entgeht, das sich langsam und unbestimmt in seinem Umgebungsraum ausbreitet.

Einerseits durch seine Geschwindigkeit, andererseits durch seine Gelenkigkeit aufgrund von Gliedern, die sich strecken und ihren ursprünglichen Platz wieder einnehmen, beschränkt sich die tierische Bewegung nicht darauf, ihre Bahn geographisch zu erweitern. Francis Hallé beschreibt das folgendermaßen: »Das Tier gibt uns das Bild seiner eigenen Freiheit; die Pflanze gibt bescheidener die Beschränkungen der Umwelt wieder [...] Vielleicht wäre der *Transzendenz* des Tieres und des Menschen die *Immanenz* der Pflanze gegenüberzustellen.«[290] Die raumhafte Bewegung, die einen vom Individuum gewählten Raum abzirkelt – und eine folglich freie Bewegung – deutet darauf hin, dass dieses Individuum sich in gewisser Weise von dem unterscheidet, worin es doch aufgeht. Es bewohnt einen Raum, dem es gleichzeitig gegenüberstehen muss, denn anders könnte es nicht von einem Ort zum anderen wechseln. Das raumhafte Wesen ist das Zentrum, von dem ausgehend es ein »Hier« und ein »Dort« gibt. Als »raumhafte Mitte« hat das Tier ein rückbezügliches (weil gelebtes) Selbst, das Plessner ein »Sich« nennt. Dieses Sich ist nicht im Körper verortbar, sondern »raumhaft bedeutet es den Punkt, gegen welchen alle anderen Punkte im Charakter des Dort stehen«[291]. Das Lebewesen mit geschlossener Form ist ein »rückbezügliches Selbst,« weil es »ihm selbst gegenwärtig« ist.[292] Es reicht nicht aus, einen Raum einzunehmen, um eine raumhafte Beziehung zu seiner Umgebung zu unterhalten, noch weiter zu existieren, um die gelebte Zeit zu erfahren.

---

289 Ebenda, S. 605.
290 Francis Hallé, *Éloge de la plante*, op. cit., jeweils S. 299 und S. 300.
291 Helmuth Plessner, *Die Stufen des Organischen,* op. cit., S. 304.
292 Ebenda.

Gelebte Zeit und Seelenleben – die Frage des Bewusstseins

Die Raumhaftigkeit ist von einer Zeithaftigkeit begleitet, das heißt von der gelebten Zeit. Die Zeit wird von einem individuierten Bewusstsein erlebt, dessen Existenz endlich ist. Sind Pflanzen in diesem Sinne zeitbasiert, gestaltet sie also nicht die vergehende Zeit, sondern konfigurieren sie sozusagen Zeit?

Zeit erleben und nicht nur in der Zeit (geologischer, biologischer Zeit) leben, heißt, in einer Gegenwart zu stehen, die nie ganz mit sich zusammenfällt; um vorzugreifen, es heißt, dass das Subjekt »im Jetzt [steht]«[293]. Denn Tier (oder Mensch) sind sterbliche Wesen, weil sie notwendig und irreversibel einem Alterungsprozess ausgesetzt sind. Sie tragen in sich den »Bezug *auf* die Zukunft,« der nicht mit der »dem lebendigen Sein immanent wesenhafte[n] Antizipation«[294] zu verwechseln ist. Denn diese bezieht sich nicht auf die Zukunft, sondern das Individuum lebt als lebendig-sterbliche Ganzheit seine unterschiedlichen Lebensalter im Angesicht des Todes und bleibt dabei doch es selbst. Plessner bezeichnet diesen »distanzierten Kern der Positionalität« als »raum-zeithaftes Wesen,« dessen wesentliches Merkmal die »Subjektivität«[295] ist, da diese Wesenszüge in ihrer notwendigen Beziehung zu betrachten sind, eine Struktur bilden. Was ist Subjektivität? Sie ist ein »Für*sich*sein, das binnenhaft mit seinem Leibkörper vor fremden Dingen steht«[296]. Raumhaftigkeit und Zeithaftigkeit sind verbunden: »Das Tier hat zufällige *Selbstbewegung*, weil seine Subjektivität [...] eine freie Zeit ist, die, als der reellen Äußerlichkeit entnommen, sich

[293] Ebenda, S. 305.
[294] Ebenda, S. 276.
[295] Ebenda, S. 311.
[296] Ebenda.

nach innerem Zufall aus sich *selbst zum Orte bestimmt,*«[297] schrieb Hegel in seiner Naturphilosophie.

Das zeitbasierte Wesen fühlt, wie die Zeit vergeht. Es verwechselt sich nicht mit ihr, denn die Zeit ist nicht nur die Chronobiologie seiner Entwicklung – sie ist die gelebte Zeit, die Zeit, die je nach Tonalität der Erfahrungen auf eine bestimmte Art andauert. Die Zeit ist *seine* Zeit. Die Zeit der Freude ist nicht gleich der Zeit des Wartens, die Zeit der Angst ist nicht die Zeit der sorglosen Hingabe. Das zeitbasierte Wesen behält seine Identität, bleibt während seiner Lebenserfahrungen es selbst. Die Zeit entfremdet es nicht, insofern es sich selbst nicht fremd wird, sich nicht in mehrere Individuen spaltet. Das potentiell unsterbliche Wesen, oder dasjenige, das sich unaufhörlich erneuert, *fühlt* die Zeit nicht, weil es die Einheit des Individuums nicht besitzt, das sich trotz der Vielfalt seiner Erfahrungen als dasselbe kennt (ohne dafür irgendeinen Begriff zu benötigen). Husserl zeigte die Sicherheit auf, die die Subjekte eines bewussten Lebens begleitet: »Leben ist ständig In-Weltgewißheit-leben.«[298] Tiere leben in diesem Sinne, sie leben in dieser nicht rückbezüglichen Gewissheit, dass es die Welt gibt. Die fehlende Rückbezüglichkeit dieser Gewissheit bedeutet, dass sie nicht von einem »ich denke« begleitet ist, sie ist keine Vorstellung.

Rekapitulieren wir einige Punkte unserer Untersuchung im Hinblick auf die Frage der Zeit bei den Pflanzen. Zunächst sei klargestellt, dass die Chronobiologie und die Übereinstimmungen zwischen physikalischen Informationen, die von natürlichen Elementen und Gestirnen ausgehen, die sich auf alle Organismen auswirken, nicht mit der gelebten Zeit zu verwechseln sind. Auch der Mensch steht als lebender Organismus

---

[297] Friedrich Hegel, *Enzyklopädie der philosophischen Wissenschaften.* Werke 9: Zweiter Teil: *Die Naturphilosophie,* op. cit., S. 431.
[298] Edmund Husserl, *Die Krisis der europäischen Wissenschaften,* op. cit., S. 145.

in einem Netzwerk von Informationen und Übereinstimmungen mit physikalischen, elektrischen, chemischen Elementen. Wie wir bereits gesehen haben, sterben Pflanzen nicht wirklich. Das Vorhandensein von Samen oder Wurzelteilen in der Erde reicht aus, damit sie wiedergeboren werden. Sie sterben nicht, wenn sie geteilt werden, im Gegenteil, das trägt zur Vermehrung der Pflanze bei. Eine Pflanze, die man »tot« nennt, lebt oft im Dunkel des Bodens weiter, bevor sie wieder ans Licht kommt. Weder Anfang noch Ende der Zeit von Pflanzen sind eindeutig bestimmbar. Pflanzen gehen nicht aus einem Geburtsakt hervor, vor dem es nichts gab und durch den ein Wesen ins Leben tritt, das dem Zerfall und dem Tod ohne Morgen geweiht ist. In sehr vielen Fällen sind Pflanzen »nie fertig«, betont Hans Drisch, während Tiere einen Punkt erreichen, an dem sie dies sind.[299] Die tierische Embryogenese ist »vorherbestimmt, definiert oder geschlossen,« denn sie beschränkt sich auf einen kurzen Lebensabschnitt; Pflanzen dagegen haben eine »nicht vorherbestimmte, undefinierte oder offene«[300] Embryogenese, schreibt im gleichen Sinne Francis Hallé. Ihr ganzes Leben lang wachsen sie ständig weiter. Damit sind Pflanzen in mehrfacher Hinsicht zeitlose Wesen, wenn die Zeitlichkeit das gelebte Leben und eine grundsätzlich endliche Zeit ist.

Der ontologische Unterschied zwischen dem Tierreich und dem Pflanzenreich liegt letztlich, weil diese Differenz alle anderen nach sich zieht, im »Phänomen der *Distanz,*« das Jonas im Metabolismus nachweist (in dem der Organismus sich von seiner Umgebung unterscheidet). Dieses Phänomen tritt nun zurück, vergleicht man es mit der »Unmittelbarkeit des pflanz-

---

[299] Zitiert von Helmuth Plessner, *Die Stufen des Organischen,* op. cit., S. 286 (Hans Driesch, *Philosophie des Organischen. Gifford-Vorlesungen, gehalten an der Universität Aberdeen in den Jahren 1907–1908,* zweite, verbesserte und teilweise umgearbeitete Auflage mit 14 Figuren im Text. Leipzig: 1921, S. 39-40).

[300] Francis Hallé, *Éloge de la plante*, op. cit., S. 100.

lichen Metabolismus,«[301] einer Unmittelbarkeit, deren relativen Charakter Jonas freilich unterstreicht, da er per se darauf hinarbeitet, eine Einheit zu erhalten. Diese Einheit ist jedoch nicht jene des Individuums, sondern jene seiner Teile.

Nachdem nun Eigenschaften wie Bewegung, Verhaltensfreiheit, Individualität, Selbst, Umwelt, Raumhaftigkeit, gelebte Zeit erläutert und in Bezug gesetzt, sogar verschränkt wurden, drängen sich noch einige Bemerkungen über das Bewusstsein auf, umso mehr, als Uexküll eine minimale Definition der Subjektivität vorlegt, die im Wortpaar Wahrnehmung und Handlung liegt, die bereits bei der Zecke vorhanden sind.

So umfangreich die Frage des Bewusstseins und so groß die Versuchung ist, diesen Begriff aufzuweichen, verfügen wir bereits jetzt über mehrere Elemente, die es erlauben, den Pflanzen das Bewusstsein abzusprechen. Wie könnte es ohne Mitte, die ebenso der Individualität (bei der wir gesehen haben, dass sie ihre echte Konsistenz aus der psychischen Aktivität erhält) wie der Empfindung, der Wahrnehmung oder der spontanen, vom Individuum frei gewählten Bewegung zugrunde liegt, ein bewusstes Leben geben, das heißt ein Leben, das in der ersten Person gelebt wird? Die Lebensäußerungen der Pflanzen werden heute gerne als Beweise eines bewussten Lebens herangezogen, weil die Arbeit über die Bedeutungen übergangen wird. Nun ist aber zum Beispiel nicht jede Bewegung eine willentliche Bewegung. Yves Bonnardel lenkt die Aufmerksamkeit auf diesen Punkt und merkt an, dass ein flaches Encephalogramm nicht mit einem Weiterleben inkompatibel ist, das übrigens vegetativ genannt wird: »Knochen wachsen wieder zusammen, Wunden vernarben, Blut gerinnt.«[302] Die Vitalmechanismen wirken auf das Überleben des Individuums hin, ohne dass dessen Bewusst-

---

301 Hans Jonas, »Biological foundations of individuality«, op. cit., S. 604.

302 Yves Bonnardel, »Quelques réflexions concernant les plantes«, in

sein dabei die geringste Rolle spielt. Wenn es daher bei den Pflanzen auch »Informationstransfers« gibt, die »Kettenreaktionen« produzieren, »erlaubt dies keineswegs die Vorstellung, dass ein *Bewusstsein* diese aufnimmt und über eine Reaktion darauf entscheidet. Und noch weniger, dass es sie *fühlt.*«[303]

Wie ist das Bewusstsein positiv zu definieren, dieses Substantiv ohne Substanz, wenn das Bewusstsein »die Bewegung des psychischen Wesens selbst ist, das, indem es bewusst ist und wird, von sich selbst Besitz ergreift und dabei *über das ureigene Modell seiner Welt verfügt.*«[304] Henri Ey entfernt sich in einer Rückkehr zu Freud auch von jeder substanzialistischen Definition des Bewusstseins, das weder ein Zustand noch eine einfache Funktion noch eine übergeordnete Führungsinstanz ist. Kein Bewusstsein ohne Unbewusstes, kein Bewusstsein, das nicht die Komplexität eines psychischen Apparats aufweist, kein psychisches Leben ohne Möglichkeit seiner Auflösung. Freilich hat die Idee eines psychischen Apparats den Nachteil, ein Leben erstarren zu lassen, das sich unaufhörlich bewegt, und nicht zunächst Freuds grundlegender Entdeckung Raum zu geben, die Merleau-Ponty folgendermaßen beschreibt: Analysiert man ein Verhalten, koexistieren mehrere Bedeutungsschichten nebeneinander, die alle ihre Wahrheit haben, und »die Vielfalt der möglichen Interpretationen ist der diskursive Ausdruck eines gemischten Lebens, in dem jede Entscheidung immer mehrere Bedeutungen hat, ohne dass man sagen könnte, dass eine davon die einzig wahre ist.«[305] Freud meint, und diese Tatsache ist viel zu wenig bekannt, dass der psychische Appa-

---

Yves Bonnardel, Thomas Lepeltier, Pierre Sigler (Hg.), *La Révolution antispéciste.* Paris: PUF, 2018, S. 122.

303 Ebenda, S. 121.

304 Henri Ey, *La Conscience.* Paris: Desclée de Brouwer, 1983, Vorwort zur zweiten Auflage, S. IX.

305 Maurice Merleau-Ponty, *L'Institution. La passivité. Notes de cours au Collège de France (1954–1955),* herausgegeben von Dominique

rat, wie er ihn beim Menschen entdeckt hat (Ich, Es und Über-ich) »auch für die höheren, dem Menschen seelisch ähnlichen Tiere«[306] Geltung habe. Wahrscheinlich liegt dieser These die Beobachtung seiner Hunde zugrunde. »Ein Überich ist überall dort anzunehmen, wo es wie beim Menschen eine längere Zeit kindlicher Abhängigkeit gegeben hat. Eine Scheidung von Ich und Es ist unvermeidlich anzunehmen,«[307] so Freud weiter. Damit eröffnet er für die tierische Psychologie eine Baustelle, die Henri Ey mit seinem 1964 veröffentlichten, ebenso bahnbrechenden wie wichtigen Sammelband, der *Psychiatrie animale,* wenn nicht übernommen, so doch in ihrer Bedeutung bestätigt hat. Einer der gewichtigen Punkte, die er im Vorwort zu diesem Buch, »Le concept de ›psychiatrie animale‹« [Der Begriff der ›Tierpsychiatrie‹], entwickelt, betrifft die Möglichkeit der Auflösung der tierischen Psyche.[308] Fragilität ist das grundlegende Merkmal des psychischen Lebens, da es nicht aus einem Block besteht. Verhaltensfreiheit im Zusammenspiel mit der Fragilität des psychischen Gleichgewichts zeigt, inwiefern sich das mit einem psychischen Leben begabte Wesen von der »Natur« weitestgehend entfernt. Tiere sind keine Naturwesen, wie Hegel als erster Phänomenologe in seiner Naturphilosophie gezeigt hat. Verhaltensanomalien sind Zeichen der Existenz des im Freud'schen Sinne verstandenen Bewusstseins. Sie vertiefen die Trennlinie zwischen Tier- und Pflanzenleben. Die Informa-

---

Darmaillacq, Claude Lefort und Stéphanie Ménasé. Paris: Belin, 2003, S. 269.

306 Sigmund Freud, »Abriss der Psychoanalyse«, in ders., *Gesammelte Werke,* 17. Band: *Schriften aus dem Nachlass.* London: Imago Publishing, 1955, S. 69.

307 Ebenda.

308 Abel-Justin Brion und Henri Ey (Hg.), *Psychiatrie animale.* Paris: Desclée de Brouwer, »Bibliothèque de neuro-psychiatrique de langue française«, 1964. Henri Eys Vorwort zum Band ist »Le concept de ›psychiatrie animale‹. (Difficultés et intérêt de sa problématique)«, S. 11-40.

tionen, die unter den Pflanzen, zwischen Pflanzen und Pilzen, zwischen Pflanzen und Naturelementen, zwischen Pflanzen und Insekten zirkulieren, sind nicht Teil einer bewussten Aktivität in dem Sinne, in dem wir es für angebracht halten sie abzugrenzen, denn ansonsten könnte alles zu Bewusstsein werden. Ein grenzenloser Gewinn in der Ausdehnung führt zu einem ebenso großen Verlust an Verständnis.

Worum handelt es sich bei den »Modalitäten des bewussten Seins«? Henri Ey schließt in seine Untersuchung auch ein, was er das Bio-Bewusstsein nennt. Auf jeden Fall sind bestimmte Eigenschaften oder Funktionen »erforderlich, damit eine bestimmte Form oder ein bestimmter Grad an Bewusstsein zugestanden werden kann«[309]. Damit wird das Bewusstsein, ein Lebensphänomen – sofern man die Bergson'sche Lehre einer Koextensivität von Bewusstsein und Leben zulässt –, unbeseelten Wesen spontan abgesprochen. Das Fehlen eines Beziehungslebens bei den Pflanzen wäre Henri Ey zufolge Anlass, es ihnen ebenso abzusprechen.

Denn das Beziehungsleben gibt dem psychischen Leben Nahrung, das aus Bedeutungsstrata besteht, die sich ineinander verschlingen, von denen manche zu verschwinden oder sich zu verstecken scheinen, während andere erneut aktiv werden und in den Vordergrund treten. Das psychische Leben ist ein affektives, emotionales Leben, ein Leben, das sich erinnert und vergisst, ein Leben, das Bedeutungen aufeinander bezieht. »Empfindungsfähigkeit, Gedächtnis und eine Organisation, in der eine gewisse *Unbestimmtheit,* ein gewisses Nicht-Sein im Sein erscheint,«[310] sind die Voraussetzungen für ein Tierbewusstsein.

Wieder mit Freud, stützt sich Henri Ey auf das Beziehungsleben der höheren Tiere, das er als »wie das unsere«[311] von

[309] Henri Ey, »Le concept de ›psychiatrie animale‹«, op. cit., S. 8.
[310] Ebenda.
[311] Ebenda, S. 10.

einem zentralen Nervensystem ausgerichtet beschreibt. Ganz natürlich, da wir tatsächlich mit ihnen in Beziehung stehen, schreiben wir ihnen Bewusstsein zu. Wir halten die Tiere für »›mit-bewusste‹ Wesen unseres eigenen Bewusstseins, insofern sie sich ›selbst‹ als uns ähnlich darstellen, wenn sich zwischen uns und ihnen *Verbindungen* herausbilden,« die wiederum eine Ähnlichkeit zwischen ihnen und uns entstehen lassen.[312] Diese »Identifizierung«[313] ist nur zwischen bewussten Wesen möglich, also Wesen, die Gefühle haben – »bewusst sein heißt fühlen« –, was, und diese Präzisierung ist für die Unterscheidung der scheinbaren und der realen Bedeutung entscheidend, »nicht einen Bewusstseinszustand, sondern eine *Struktur* des Bewusstseins voraussetzt, über die die Erfahrung als *gelebte* Erfahrung erscheint«[314]. Eine Struktur, keinen Zustand. Denn das Bewusstsein zum schlichten Zustand zu machen (Empfang von physikalisch-chemischen Informationen etwa) öffnet einem Panpsychismus Tür und Tor, in dem es nicht mehr möglich ist, unter den Gestalten des Lebens jene zu unterscheiden, die mit einem psychischen Apparat begabt oder vielmehr belastet, der es auch erlaubt, ihr Leben als jeweils einzigartige Existenzen zu denken. Weit entfernt vom transparenten und massiven Bewusstsein des *Cogito* ebenso wie vom ätherischen Bewusstsein der physikalisch-chemischen Information, das doch die gesamte Natur beseelt, fragen wir, was bei den Pflanzen denn ein psychisches Leben beweisen könnte, in dem Sinn des Phänomens, das Freud zutage gefördert hat, und das er bis ans Ende seiner Tage das »eigentliche Geheimnis«[315] nannte.

---

[312] Ebenda.
[313] Ebenda.
[314] Ebenda, S. 14.
[315] Sigmund Freud, *Abriss der Psychoanalyse,* op. cit., S. 86.

Die Schönheit der Pflanzen – eine »unadressierte Erscheinung«

Nach der Untersuchung von epistemologischen Fragen in Bezug auf die Möglichkeitsbedingungen des Wissens über Pflanzen, die Relevanz der zur Beschreibung ihres Lebens verwendeten Begriffe (darunter Empfindungsfähigkeit und Wahrnehmung), die Diskursebenen (Metapher, Analogie, Homologie), die Falle einzeln genommener empirischer Kriterien, die dadurch für Wesensunterschiede gehalten werden, und nach der vergleichenden Untersuchung des unbestimmten, indifferenten, nicht um sich selbst besorgten pflanzlichen Lebens und der tierischen oder menschlichen Existenz, die individuiert, psychisch, innerhalb des spezifischen Verhaltensstils frei, in eine endliche Zeit eingeschrieben, die Geburt und Tod rahmen, und damit um sich selbst besorgt ist, können wir, übrigens in Übereinstimmung mit aktuellen biologischen Analysen, feststellen, dass das pflanzliche Leben für uns als Subjekte eines bewussten Lebens die radikale Alterität darstellt. Zwischen pflanzlichem und tierischem Leben gibt es nichts Gemeinsames, nicht einmal die Tatsache zu leben, so sehr unterscheiden sich die Bedeutungen des Begriffs hier jeweils voneinander. Der reine Trieb des pflanzlichen Lebens, dieses Leben, das nicht Lebendig-Sein ist, dieses Archi-Leben, das wahrscheinlich allein überdauern wird, wenn jedes tierische und folglich menschliche Leben von der Erde verschwunden ist, ist uns aufgrund seiner Allgegenwart völlig vertraut, gleichzeitigt aber äußerst fremd. Zu Pflanzen haben wir keinerlei Beziehung. Freilich können wir mit Pflanzen sprechen, dann stellen aber die physikalischen Vibrationen unserer Stimme nur einen neuen Reiz ihrer Umgebung dar. Wenn dieser Austausch, der keiner ist, den Pflanzen nützlich ist, dann zunächst deshalb, weil er auf die Pflege schließen lässt, die ihnen jemand angedeihen lässt, der mit ihnen spricht. Sie selbst nehmen im Gesagten keine Intention und erst recht keine Bedeutung wahr.

Die vergleichende Untersuchung machte deutlich, inwiefern die Zoomorphisierung der Pflanzen (gar nicht zu sprechen von ihrer von einigen Autoren eingeforderten Vermenschlichung) einen Irrweg darstellt. Daher musste, um auf diesem Weg gewissermaßen indirekt einen dem pflanzlichen Leben angemessenen Erkenntnisraum herauszuarbeiten, der Zugang zunächst über eine negative Definition gewählt werden: was die Pflanzen im Hinblick auf die Tiere nicht sind. Eine derartige Untersuchung ist wegen ihrer Zoomorphisierung geboten, nicht aufgrund des schlichten und einzigen Willens, den Pflanzen zu entziehen, was ihnen unberechtigterweise zugeschrieben wird. Diese Klarstellung eröffnete zugleich ein Feld für die Beschreibung des pflanzlichen Lebens, dessen Konturen ich im Laufe der Analyse skizziert habe. Weit entfernt von einer gradualistischen Konzeption, die Lebewesen nach dem Bild von Schlaf und Wachheit betrachtet und die Pflanzen auf dieser Skala ganz unten einordnet, und noch weiter entfernt von jener, die alle Lebensformen gleichsetzt und dazu beiträgt, alle Merkmale zu verwischen, auch jene, die es ermöglichen, über die Inklusion bestimmter Lebewesen in die Sphäre der moralischen Betrachtung zu entscheiden, geben wir einem Leben Raum, mit dem wir, bestehen wir darauf, nichts gemeinsam haben.

Doch diese ontologische Kluft wird durch die Erfahrung ihrer Schönheit sozusagen übersprungen. Malerei, Dichtung und Literatur sind große Zeugnisse dafür, aber auch jeder einzelne von uns kennt das aus seiner alltäglichen Erfahrung. Ohne pflanzliches Leben verschwände ein Großteil der Schönheit der Welt. Das pflanzliche Leben ist auch pulsierendes Leben: Es beherbergt eine Vielzahl von Tierarten. Wir haben auf das Gefühl des Friedens, der

Ruhe im Kontakt mit diesem unerschütterlichen Leben verwiesen, das der winzigsten Form tierischen Lebens weit vorausging. Das pflanzliche Leben hat wenige Bedürfnisse. Die Autotrophie macht es selbstgenügsam. Darin besteht seine Majestät.

Für wen ist also seine Schönheit da? Das ist ein Rätsel, das Adolf Portmann beschäftigt hat – das Rätsel der unnützen Schönheit von Lebensformen. Als er sich nach Ausschöpfung aller Fährten ihrer funktionellen Nützlichkeit über die Schönheit der Tierwelt befragt, über ihre Farben und Muster, die zu nichts dienen als dazu, gesehen zu werden, und bei Tieren ohne Wahrnehmungsapparat, die von ähnlich beschaffenen Tieren umgeben sind, manchmal nicht einmal dazu, entwirft er zwei in der Biologie noch nie gehörte Begriffe: Darstellungswert und Selbstdarstellung. Im Fall von Tieren, die sich nicht sehen, handelt es sich um »unadressierte Erscheinungen«[316]. Portmann illustriert diese Kategorie von Erscheinungen mit einigen Beispielen: »So ist die Färbung der Meeresschwämme, die schwefelgelb, orange oder violett sein können, nicht zur Anschauung bestimmt, ebensowenig wie die zarten oder leuchtenden Farben und Muster der festsitzenden Manteltiere und die reichhaltige Farbenskala, welche die Korallenpolypen aufweisen [...] Auch die vielerlei Zeichnungen von Muschel- und Schneckengehäusen zählen zu dieser nicht angeschauten Schönheit.«[317]

Wie könnte man nicht auch bezüglich der unerschöpflichen Schönheiten der Pflanzenwelt Fragen stellen, bezüglich dieser unadressierten Erscheinungen, da doch die Pflanzen einander mangels eines Wahrnehmungsapparats nicht sehen? Keine zweckbetonte Erklärung könnte die Spielarten von farbigen Gestalten und die Variation von Düften mit der Anzie-

---

[316] Adolf Portmann, *Die Tiergestalt. Studien über die Bedeutung der tierischen Erscheinung*. Freiburg/ Br., Basel, Wien: Herder, 1965.
[317] Ebenda, S. 122-123.

hungskraft dieser oder jener Farbe, dieses oder jenes Dufts auf dieses oder jenes Insekt zum Zweck der Bestäubung erklären. Spektrum und Verfeinerung dieser Farben und Dürfte gehen ganz offensichtlich über die mögliche funktionelle Anziehung hinaus, die sie darstellen könnten. Pflanzen und Blüten haben auch eine »Ausdruckskraft« im Sinne eines »scheinbar etwas sagen Wollens«[318], wie Ruyer in einem ersten Schritt den Begriff der Ausdruckskraft definiert. »Die Ausdruckskraft einer Blume ist die Blume selbst, unabhängig von ihren horizontalen Beziehungen zu anderen Wesen.«[319] So gibt es eine objektive Ausdruckskraft – »die absolut spezifische Anmut einer Rose, einer Birke«[320] –, die sich von der Sphäre der Bedeutung unterscheiden lässt: Wie das Kunstwerk, das keine Bedeutungen braucht, mit denen wir es vielleicht aufladen wollen, »verweist der Ausdruck nur auf den Ausdruck, und in dieser Kette sind menschliche Emotionen nur ein mögliches Kettenglied und kein zwangsläufiger Anknüpfungspunkt.«[321]

Die Ausdruckskraft ist also Erscheinung ohne Adressat. Am Ende seiner Untersuchung meint Ruyer, dass, sobald die Ausdruckskraft vom Sinn unterschieden wird, deutlich wird, dass diese »grundlegender« ist als der Sinn und »in der realen Welt der Zweck des Ausdrucks über den Bedeutungszweck hinausgeht«[322]. Ausdruckskraft, schließt er, sei vorrangig. Die vom Wind verstreuten Vogelfedern, die Portmann aufsammelt, offenbaren eine Farbe unter der Farbe: das schwarzblaue Schillern der Krähenfeder zum Beispiel ist nur oberflächlich. Diese Schönheit stellt sich

---

[318] Raymond Ruyer, »L'expressivité«, *Revue de métaphysique et de morale,* Nr. 1, Bd. 2, 1995, S. 69.
[319] Ebenda, S. 79.
[320] Ebenda, S. 71.
[321] Ebenda, S. 92.
[322] Ebenda, S. 97.

zunächst und endgültig als das dar, was sie ist. Schmetterlingsflügel, deren Paar sich ausgehend von zwei verschiedenen Abschnitten der Raupe formt und deren künftige Zeichnung »gesondert in jedem gefalteten Flügel« entsteht, »so, daß im entfalteten das Streifenmuster der Hinterflügel die Fortsetzung der Zeichnung des Vorderflügels ist«[323], sind Beispiele für die Schönheit der Tiergestalten, und zu diesen kommen jene der Pflanzenwelt. Diese Tatsache steht »als großes Geheimnis«[324] vor uns. In der antidarwinistischen Biologie, die er vertritt, glaubt Portmann tatsächlich, dass der utilitaristische Zugang nur insofern relevant ist, als er die Erhaltung und einen bestimmten Typ von Veränderung der Blüten erklärt, nicht aber in Bezug auf die »erste Entstehung von Blumenformen zutrifft, und daß das Werden solcher schöner Gestalten uns noch so rätselhaft ist wie das der Tierformen auch.«[325] Die Welt der »unadressierten Erscheinungen« ist so umfangreich, dass sie, erst in den Blick genommen, sich als erstrangige Tatsache aufdrängt, deren philosophische Tiefgründigkeit offenkundig ist. Die traditionelle Konzeption einer funktionalistischen Anordnung wird im Hinblick auf die Vormachtstellung der Erscheinung in ihrer unmotivierten Schönheit zweitrangig. »Da sind ungezählte optische Sendungen, die ›ins Blaue‹ gesendet werden, ohne für eine Ankunft bestimmt zu sein. Da ist Selbstdarstellung, die keinem aufnehmenden Sinn zugedacht ist, sondern schlechthin ›erscheint‹«[326], die Portmann als »Geheimnis«[327] bezeichnet – dieses Geheimnis könnte die Koexistenz von zwei phänomenologischen

---

[323] Adolf Portmann, *Die Tiergestalt,* op. cit., S. 118.
[324] Ebenda, S. 90.
[325] Ebenda, S. 132.
[326] Ebenda, S. 234.
[327] Ebenda, S. 236.

Feldern sein: die adressierte und die unadressierte Erscheinung.[328]

[328] Der These von Jacques Dewitte in seinem Artikel »Adolf Portmann et l'›apparence inadressée‹«, *Prétentaine,* Nr. 14, Bd. 15, Dezember 2001, S. 221 zufolge. Zur Frage von Selbstdarstellung und Schönheit, siehe auch: Benjamin Berger, »La vie comme manifestation chez Raymond Ruyer et Adolf Portmann« (S. 21-46); Josef H. Reichholf, »L'expression de la beauté versus l'adaptation darwinienne« (S. 47-63); Annabelle Dufourcq, »Ce que l'animal veut dire: Merleau-Ponty et l'analyse du mimétisme chez Portmann« (S. 84-118), in: Florence Burgat und Cristian Ciocan, *Phénoménologie de la vie animale.* Bukarest: Zeta Books, 2016.

Moral und Recht

»Der Mai 1968 [hat] mich abgestoßen. Weil ich es nicht billige, dass man Bäume ausreißt, um damit Barrikaden zu bauen (Bäume sind Leben, davor hat man Achtung zu haben).«

Claude Lévi-Strauss, *Das Nahe und das Ferne*

»Wissen Sie, wie ein Kahlschlag im tropischen Urwald aussieht? Das ist ein abscheuliches Schauspiel, unerträglich, und erinnert mich immer an eine Vergewaltigung.«

Francis Hallé, »Un arbre tout neuf. Trois idées nouvelles au sujet des arbres«

Die Lehre des Abscheus

Der Anblick der Abholzung von Bäumen löst bei Claude Lévi-Strauss ebenso wie bei Francis Hallé ein Gefühl des Abscheus aus – eine lebhafte Abneigung, ein Ekelgefühl, aufgrund dessen sie sich abwenden. Es ist gar nicht notwendig, Pflanzen als Personen zu betrachten oder sie mit einem bewussten Leben auszustatten, um diesen Abscheu zu teilen und dazu aufzurufen, die »Schönheit der Welt« zu respektieren und Demut und Uneigennützigkeit zu kultivieren, indem man sich um Pflanzen kümmert, die uns gegenüber nichts als Gleichgültigkeit zeigen, uns für unsere Fürsorge nicht dankbar sein und uns wahrscheinlich lange überleben werden – denn sie brauchen niemanden. Die Majestät des Baumes entspringt aus seiner Dauer, unbegrenztem Leben, Kraft, Erhabenheit, Gleichmut.

Szenen der Abholzung sprechen für sich. Außerdem vermögen sie, an andere Plünderungen zu erinnern, für die sie als Metapher stehen. Ohne selbst eines zu sein, legt die Abholzung ein Blutbad nahe. Der französische Begriff »*abattage*« wird in vielen Registern verwendet. Er stammt zunächst aus der Forstwirtschaft und bezeichnet das Fällen von Bäumen. Wenn der Begriff »*abattage*« daher übernommen wird, um das Töten von Tieren für den Fleischverzehr zu bezeichnen, glättet, neutralisiert, hebt er auf, was diesen Tod einzigartig macht. Der Vernichtung von Bäumen, die wir betreiben, so schrecklich sie ist, fehlt jedenfalls der »metaphysische Hass,«[329] der uns dazu treibt, Tiere zu töten und zu zerlegen.[330] Ihr Todeskampf spiegelt unseren in einem vergleichbaren Fall wider. Der Baum, dessen Sturz unter den Axtschlägen die Umgebung erzittern lässt, ist nicht dasselbe wie der Tod von Wesen, die Augen, einen Blick haben. Mit der Zeit wird der Baum aus seinem Stumpf wieder austreiben. Er wird nach seiner Fällung gewissermaßen wiederauferstehen. Sicher wird die Verwüstung eines Waldes mit Hilfe leistungsfähiger Abbauwerkzeuge und der Ausbringung von Pestiziden solange die Oberhand behalten, wie der Mensch in dieser Richtung arbeitet. Das menschliche Verhalten bestand schon sehr früh in der Geschichte, selbst in der Urgeschichte, aus Plünderung, Zerstörung und Ausrottung. »Auf welche Weise haben sich gottgesegnete Landschaften, das heilige Gebirge und das von heiterem Götterlächeln strahlende

---

[329] Yves Dupeux schreibt: »Und wie könnte man angesichts des metaphysischen Hasses auf das Tier dieses nicht im Namen einer Nähe, einer Ähnlichkeit, sogar einer Verwandtschaft verteidigen, die im Grunde bedeutet, dass das Tier ist wie wir.« (»Ontologie de l'animal, et au-delà«, *Lignes,* Nr. 28, Februar 2009, S. 93-107, Zitat S. 103).

[330] Für eine ausführliche Darstellung dieser These erlaube ich mir, auf mein Buch *L'Humanité carnivore*. Paris: Seuil, 2017 zu verweisen.

Meer, in Rieselfelder und scheußliche Kadaverhalden verwandeln können?«[331], fragt Michel Serres.

Weder Claude Lévi-Strauss noch Francis Hallé wollen Bäume gegen Wesen mit individuiertem psychischem Leben ausspielen, was, wie wir sehen werden, bei den Verteidigern der Rechte der Natur, den Umweltschützern, eine Konstante darstellt. Quentin Hiernaux, der sich so von Autoren abgrenzt, die an der Personifizierung von Pflanzen und der Aushöhlung der Empfindungsfähigkeit als moralisch relevante Größe arbeiten, denkt erstens, dass diese völlig neue und florierende Sorge um die Pflanzen sich in ökologische Fragen einschreibt; zweitens, dass die Zuschreibung von – somit anthropozentrischen oder zoozentrischen – Fähigkeiten wie »Intelligenz« oder »Bewusstsein« sich »nicht von selbst versteht«; drittens, dass man »die Vorstellung des Bösen von der Vorstellung des Leidens trennen muss«, nicht, um die Bedeutung des Pathozentrismus zu leugnen, sondern weil neben und über das Tieren angetane Leid hinaus Benachteiligungen existieren (etwa die Zerstörung ihres Lebensraums), die unabhängig von einem Schmerz »böse« sind.[332] Der Tod eines empfindungsfähigen Wesens ist seine gelebte Erfahrung, seine letzte Erfahrung, und er ist unumkehrbar. Francis Hallé hatte die gute Idee, an Folgendes zu erinnern: »Wilden Spargel mit Olivenöl und ein Kartoffelgratin mit einem Glas Pic Saint Loup zu essen, tötet keine der betreffenden Pflanzen, die uns noch auf Jahre hinaus weiter ernähren können. Ein Entrecôte, eine Kalbsleber oder ein Heringsfilet zu essen, bringt die Gewissheit mit sich, dass die betreffen-

---

[331] Michel Serres, *Der Naturvertrag*. Aus dem Französischen von Hans-Horst Henschen. Frankfurt/M.: Suhrkamp, 1994, S. 46.

[332] Quentin Hiernaux, »Pourquoi et comment philosopher sur le végétal?«, in Quentin Hiernaux und Benoît Timmermans (Hg.), *Philosophie végétale*. Paris: Vrin, »Annales de l'Institut de philosophie de Bruxelles«, 2018, S. 17 und S. 20. Anm. d. Ü.: »Mal« hat im Französischen sowohl die Bedeutung »Schmerz« als auch »böse«.

den Tiere tot sind.«[333] Wie kann man einen so grundsätzlichen Unterschied zwischen Pflanzenleben und Tierleben – das hier das Menschenleben einschließt, weil es, zumindest auf dieser Ebene, den gleichen Bedingungen unterliegt – wie die gelebte Zeit und ihre logische Konsequenz, die Erfahrung des Todes, einfach ignorieren?

Claude Lévi-Strauss wendet sich hier zunächst gegen eine Form des Humanismus, dessen Verheerungen er immer verurteilt hat. »In gewisser Weise ist es immer ein- und derselbe Schritt, mit dem der Mensch begonnen hat, die Trennlinie zwischen seinen Rechten und jenen der anderen Lebensformen zu ziehen, um diese Grenze später auch in das Innere der menschlichen Spezies zu übertragen, indem bestimmte Kategorien allein als wirklich menschlich anerkannt und von anderen Kategorien getrennt wurden, die dadurch eine Abwertung erfuhren, die demselben Modell folgte wie dem, das dazu diente, zwischen menschlichen und nicht-menschlichen Lebensformen zu unterscheiden.«[334] Lévi-Strauss spricht außerdem einen »gewissen humanistischen Mystizismus« an, der von Biologen praktiziert wird, wenn diese die genetische Einzigartigkeit, die jedes menschliche Wesen auszeichnet, als »Beweis für die moralische Verpflichtung« anführen, unsere Mitmenschen zu respektieren, während diese Einmaligkeit doch allen Lebewesen zukommt, »selbst den einfachsten, die [der Mensch] sich nicht gehalten fühlt, als Individuen zu respektieren, die doch ebenfalls einzigartig sind«[335].

---

333 Francis Hallé, »Un arbre tout neuf. Trois idées nouvelles au sujet des arbres«, in: Hiernaux, Quentin und Benoît Timmermans (Hg.), *Philosophie du végétal.* Paris: Vrin, »Annales de l'Institut de philosophie de Bruxelles«, 2018, S. 77-90, hier 90.

334 Claude Lévi-Strauss im Gespräch mit Jean-Marie Benoist, *Le Monde,* 21.–22. Januar 1979, S. 14.

335 Claude Lévi-Strauss, *Das Nahe und das Ferne. Eine Autobiographie*

In Umkehrung der Logik dieses Humanismus – »ein wohlverstandener Humanismus beginnt nicht bei sich selbst«[336] – schlägt Lévi-Strauss vor, zunächst am Respekt für »alle Lebensformen« abgesehen von unserer eigenen zu arbeiten, ein Weg, der zudem am sichersten das »Risiko [verringert], nicht alle Formen des Lebens innerhalb der Menschheit selbst zu respektieren«[337]. Ohne es auch nur zu bemerken, schaffe der Humanismus recht unmittelbar die Bedingungen für seinen Niedergang, denn »indem er den Menschen vom Rest der Schöpfung isolierte, hat der westliche Humanismus ihn einer Schutzwehr beraubt«. Diese Alleinstellung erreichte keineswegs den eifersüchtigen Schutz der Menschheit, sondern schwächte das gesamte Unternehmen. Denn manche Menschen wurden aufgrund der engen und immer parteiischen Auswahl der Würdigkeitskriterien für weniger würdig befunden. Zudem werden Taten mit »tragischen Folgen« für die Menschheit, etwa die »Umweltverschmutzung«[338] sogar im Namen des Wohlergehens eben dieser Menschheit begangen. Die These, die von Befunden aus der Geschichte gestützt wird und lautet, es sei »der Mythos der ausschließlichen Würde der menschlichen Natur, der die Natur selbst eine erste Verstümmelung erleiden ließ, der unweigerlich weitere folgen mußten,« treibt das Werk von Claude Lévi-Strauss um. Wie ist von Antihumanismus zu sprechen, wenn die Tatsache, »daß der Mensch von der Natur abgeschnitten wurde,« in der eben der Humanismus besteht, für Beeinträchtigungen eben der Menschheit selbst verantwortlich ist?

---

in Gesprächen mit Didier Eribon. Aus dem Französischen von Hans-Horst Henschen. Zürich: Kampa, 2019, S. 206.

[336] Ebenda, S. 284.

[337] Claude Lévi-Strauss im Gespräch mit Jean-Marie Benoist, op. cit.

[338] Claude Lévi-Strauss, *Das Nahe und das Ferne,* op. cit., S. 284.

Es zeigt sich deutlich, dass die Grundlage der Menschenrechte in den Augen von Lévi-Strauss nicht in besonderen Eigenschaften besteht, die der Mensch in seinem sozialen Leben oder durch intellektuelle Anlagen erwirbt, die er durch Lernen entwickelt, sondern in dieser »allgemeinen Eigenschaft«, die uns nicht das »Recht« gibt, »die Menschheit radikal von den übrigen Lebewesen zu trennen,« ohne in den »verderblichen Kreislauf«[339] einer Gewalt einzutreten, die eben durch die Aufrechterhaltung einer für nichtswürdig erklärten Kategorie unendlich wird, die, könnte man sagen, alle diejenigen aufnehmen kann, die man verstößt, indem man sie mehr oder weniger für »Tiere« hält. Neben anderen betonen Françoise Armengaud[340] und Catherine Larrère[341] die Rolle, die die »Animalisierung« spielt, die die Autorinnen als Abwertung von Menschengruppen verstehen, die so aus der moralischen oder politischen

---

339 Claude Lévi-Strauss, *Strukturale Anthropologie II*. Aus dem Französischen von Eva Moldenhauer. Frankfurt/M.: Suhrkamp, 2009, S. 53-54.

340 Françoise Armengaud schreibt: »Nur allzu oft reichte es aus, bestimmte Menschengruppen für ›tierähnlich‹ oder ›kaum der Tiernatur entwachsen‹ zu erklären, um sich der Verpflichtung enthoben zu fühlen, sie nach den gewöhnlichen Rechtsmaßstäben zu behandeln. Verachtung wechselt leicht den Gegenstand.« (*Réflexions sur la condition faite aux animaux*. Paris: Kimé, 2011, S. 96).

341 Catherine Larrère schreibt: »Man dreht sich weiter im Kreis, nachdem man darin jene eingeschlossen hat, die man zu Unrecht ausgeschlossen hatte, denkt aber nicht an jene, die weiterhin draußen bleiben, die nicht-menschlichen Lebewesen. Das betraf soziale Gruppen, die aufgrund des Geschlechts (Frauen) oder der Rasse (Schwarze) diskriminiert wurden, und betrifft auch Individuen, die mit Tieren verglichen oder wie Tiere behandelt werden. Dadurch akzeptieren wir gegenüber Tieren als normal, was wir gegenüber Menschen als untragbar verurteilen würden. Von jemandem zu sagen, ›er hat mich wie einen Hund behandelt‹ (oder wie ein Schwein, oder wie Vieh ...), bedeutet, er habe sich schlecht verhalten. Es heißt aber auch anzunehmen, dass dieselbe Haltung gegenüber einem Hund (einem Schwein, oder Vieh ...) völlig akzeptabel gewesen wäre.« (»Qu'est-ce que l'humanisme aujourd'hui?«, *Humanité et Biodiversité,* Nr. 4, 2017, S. 62).

Gemeinschaft verstoßen werden, ebenso wie als Rechtfertigung der Behandlung der Tiere selbst, die sie im Gegenzug mit sich bringt.

Warum kann der Begriff »Humanismus« trotz aller seiner Belastungen beibehalten werden? Der erweiterte Humanismus, den Lévi-Strauss skizziert, ordnet die Menschheit den Lebensformen unter, *allerdings auch, um diese Menschheit vor sich selbst zu schützen.* Dieser Vorschlag entspräche, fügt Lévi-Strauss hinzu, nicht nur der Tradition des römischen Naturrechts und den Werten der Zivilisationen, die sich aus dem Hinduismus und dem Buddhismus inspirieren, sondern auch jenen der schriftlosen Gesellschaften, die die Ethnologie erforscht.[342]

Lévi-Strauss behält in seiner Suche nach einer Grundlage für die Freiheiten also die Eigenschaft bei, lebendig zu sein. Daraus ergibt sich ihm zufolge, dass die Rechte, die der Mensch zunächst aufgrund seiner Lebendigkeit besitzt und die »der Menschheit als Spezies zukommen,« von den »Rechten anderer Spezies«[343] beschränkt werden. Handelt es sich um Tierspezies? Davon können wir ausgehen. Die Tatsache, lebendig zu sein, würde *de facto* Rechte verleihen, also natürliche Rechte. Die menschliche Spezies wäre »natürlich« in ihrer Aktivität durch die Gefährdung einer »anderen Art«[344] eingeschränkt. Ohne

---

[342] Claude Lévi-Strauss, *Der Blick aus der Ferne.* Aus dem Französischen von Hans-Horst Henschen und Joseph Vogl. Frankfurt/M.: Suhrkamp, 1983, S. 406. Zehn Jahre zuvor skizzierte Lévi-Strauss in seinem Kommentar zur *Abhandlung über die Ursprünge und die Grundlagen der Ungleichheit unter den Menschen:* »Die Identifikation mit allen Formen des Lebens, angefangen mit den niedrigsten, stellt also – weit davon entfernt, sich dem Menschen als nostalgische Zuflucht anzubieten – der heutigen Menschheit, durch die Stimme Rousseaus, das Prinzip aller kollektiven Vernunft und allen kollektiven Handelns vor [...] Vielleicht war diese Lehre schon in den großen Religionen des Fernen Ostens enthalten. « (*Strukturale Anthropologie II,* op. cit., S. 54f).

[343] Claude Lévi-Strauss, *Der Blick aus der Ferne,* op. cit., S. 404.

[344] Ebenda.

zu ignorieren oder zu leugnen, dass der Mensch, »wie jedes Tier, seinen Unterhalt von anderen Lebewesen bezieht«[345], ist es Lévi-Strauss zufolge wichtig, nie die Fortdauer einer Spezies aufs Spiel zu setzen. Damit ist das Individuum in dieser Hinsicht der Spezies untergeordnet, der es angehört. Sie scheint also moralisch schwerer zu wiegen als ihre Angehörigen. »Nur das Recht auf Leben und auf freie Entfaltung der noch auf der Erde lebenden Arten kann unveräußerlich genannt werden, aus dem sehr einfachen Grunde, weil der Untergang gleich welcher Art eine für uns irreparable Leerstelle im System der Schöpfung hinterläßt.«[346]

Dennoch, und hier folgt Lévi-Strauss Rousseau, ist die Eigenschaft, die auf besondere Weise verpflichtet, die Empfindungsfähigkeit. Deshalb, und zusätzlich zu einem expliziten Verweis auf die »Animalität,« ist anzunehmen, dass Lévi-Strauss eher die tierischen Spezies anspricht, deren Auslöschung mit dem Töten des letzten Individuums zusammenfällt, während die Ausrottung einer Pflanzenart wegen der Lebensdynamik der Pflanzen immer ungewiss bleibt. Zudem sind sie keine empfindungsfähigen Wesen, deren Schicksal Mitleid weckt, diese »Fähigkeit [..., die] sich aus der Identifikation mit einem Anderen ergibt, irgendein[em] lebendige[n] Wesen, sofern es nur lebt.«[347] Wenn die Formulierung auch wiederum unpräzise ist, verschwindet die Mehrdeutigkeit deshalb, weil Mitgefühl *per definitionem* nur zwischen empfindungsfähigen

---

345 Ebenda.

346 Ebenda. Im gleichen Sinne schreiben Catherine Larrère und Raphaël Larrère: »Die Arten, die so [aufgrund zerstörerischer menschlicher Aktivitäten] verschwinden, sind das Resultat von Evolutionsprozessen, die Millionen Jahre gedauert haben. Zwischen den Aktivitäten zugunsten kurzfristiger Interessen und ihren unumkehrbaren Folgen besteht ein intuitiv schockierendes Missverhältnis.« (*Penser et agir avec la nature. Une enquête philosophique*. Paris: La Découverte, 2015, S. 88).

347 Claude Lévi-Strauss, *Strukturale Anthropologie II*, op. cit., S. 50.

Wesen und nur in Bezug auf sie entsteht. Denn in seiner Erläuterung der Rousseau'schen These macht Lévi-Strauss geltend, dass die »globale Auffassung von Menschen und Lebewesen als empfindenden Wesen, worin die Identifikation besteht, [...] dem Bewußtsein der Gegensätze [...] voraus[geht].«[348] Übrigens kann man auch der Meinung sein, dass die, wenn auch nur zeitweise, fehlende Präzision in Bezug auf »Lebewesen,« »alle Lebensformen« oder »nicht-menschliche Arten« durch das radikal andere Leben von pflanzlichen Spezies gerechtfertigt ist. Allerdings werden, wie wir gesehen haben, die Vernichtung von Bäumen, die Plünderung natürlicher Lebensräume, ihre Verschmutzung wegen ihrer Folgen und aufgrund dessen verurteilt, was sie in sich sind: eine abstoßende Haltung. Vernichtung und Plünderung kennzeichnen einen Humanismus, der im Glauben, seiner Sache zu dienen, zwar das Objekt seiner Verachtung (die Natur und die Tiere) auslöscht, aber gleichzeitig auch das einzige Objekt seiner Fürsorge (die Menschen). Es scheint also, als berücksichtige Lévi-Strauss besonders die Empfindungsfähigkeit und betone zudem, dass es sich dabei um Naturrechte handelt, wie sie das antike Recht versteht – »die allgemeinen Beziehungen [...], welche die Natur unter allen Lebewesen zu deren gemeinsamen Erhaltung gestiftet hat«[349] – dieses Gleichgewicht, in dem jeder sich um seine Bedürfnisse kümmert, aber nicht darüber hinaus, will Lévi-Strauss' Ansatz erneuern.

---

[348] Ebenda.

[349] Jean-Jacques Rousseau, *Abhandlung über den Ursprung und die Grundlagen der Ungleichheit unter den Menschen,* op. cit., S. 24.

Umweltethische Positionen und ihre juristische Umsetzung

Werden umweltethische Positionen wirklich erarbeitet, um irgendeinen Baum oder Wald, ein Tal, einen Fluss, einen Berg in und für sich selbst als an sich und unabhängig von jeder anderen Überlegung gültige Werte zu beschützen? Oder versuchen sie durch die ontologische Aufwertung von Naturelementen unseren Blick zu verändern und eine ihnen gegenüber respektvollere Haltung zu bewirken?

Die Natur, wie man sie nennt, wird von einer breiten Vielfalt von Tieren bewohnt, so dass die Vorstellung von »natürlichen Einheiten« [*entités naturelles*] in den Texten ebenso unscharf wie problematisch ist. Sie umfasst Wasser, Erde, Gesteine, Pflanzen und Tiere. Diesen unterschiedlichen Elementen, wenn man es so ausdrücken kann, ein- und denselben moralischen Status zu verleihen, tendiert dazu, die Besonderheit jedes einzelnen zu verwischen. Freilich, so die Antwort von Pierre Brunet an Besorgte, wären die Rechte der Natur nicht dieselben Rechte wie jene, die den Menschen eingeräumt werden, weil diese Rechte nicht nach dem Modell der menschlichen juristischen Person konzipiert würden. Auch ist dabei zu bedenken, dass die Rechte der Menschen kein monolithischer Block sind: Nicht alle haben dieselben Rechte, diese sind insbesondere an Besonderheiten des Alters (Recht auf Bildung, Wahlrecht) oder des Geschlechts (Recht auf Abtreibung) angepasst. Zudem ist das Argument einer Konkurrenz zwischen Menschenrechten und Rechten der Natur auch zugunsten ihrer Komplementarität abzulehnen.[350]

---

[350] Pierre Brunet, »Les droits de la nature et la personnalité juridique des entités naturelles en Nouvelle-Zélande: un commun qui s'ignore?«, *Giornale di Storia costituzionale,* Nr. 38, Bd. 2, 2019, S. 42.

Die Frage, die dem Naturschutz zugrunde liegt, ist, philosophisch gesprochen, diejenige nach seiner Grundlage, eben weil die Natur ein heterogenes Ganzes bildet. Von einem moralischen Standpunkt aus ist es nicht gleich zu behandeln, ob man pflanzliche Räume nicht beschädigt, verschmutzt oder zerstört, oder ob man empfindungsfähige Wesen einsperrt, verstümmelt oder tötet, die vielleicht von jetzt an als *empfindende* Wesen zu bezeichnen sind, da den Pflanzen eine, wenn auch in unseren Augen wenig ausgeprägte, Empfindungsfähigkeit eingeräumt wird.[351] Es ist völlig unrichtig, wie Marie-Angèle Hermitte zu schreiben, die durch Ölteppiche verursachten Verschmutzungen würden »Pflanzen und Tiere töten,«[352] als wäre das ein- und dasselbe.

Wie stellen es Philosophen an, Bergen, Seen, bewaldeten Arealen einen moralischen Status zu verleihen? Der theoretische Sprung, den eine derartige Anerkennung verlangt, ist in unserer subjektivistischen Tradition keine Selbstverständlichkeit. »Vom ›intrinsischen‹ oder ›inhärenten‹ Wert von natürlichen Einheiten zu sprechen,« so Catherine Larrère, »heißt scheinbar eine objektive Eigenheit zu betrachten, etwas, das sie selbst, für sich besitzen würden. Nun [...] ist jedes moderne Denken der Ansicht, dass moralische Eigenschaften subjektive Eigenschaften sind [...] und nicht Eigenheiten des Objekts.«[353] Es ist anzuerkennen, dass es nicht selbstverständlich ist, moralische Rechte von nicht-individuierten und nicht-subjektiven Einheiten zu begründen, deren Leben zudem noch unbestimmt ist. Was sagt die Umweltethik dazu? Sie ist bei den einen biozentriert: Sie machen das Leben zu einem Hauptwert und mes-

---

351 Zur Erinnerung siehe oben: »Übereinstimmung zwischen Pflanzen und Tieren – die Frage der Empfindungsfähigkeit«.

352 Marie-Angèle Hermitte, »Nature (sujet de droit)«, in Dominique Bourg und Alain Papaux (Hg.), *Dictionnaire de la pensée écologique*. Paris: PUF, »Quadrige«, 2015, S. 691.

353 Catherine Larrère, *Les Philosophies de l'environnement*. Paris: PUF, »Philosophies«, 1997, S. 23-24.

sen damit jeder lebendigen Einheit einen moralischen Wert bei. Bei anderen ist sie wiederum ökozentriert: Sie messen globalen Einheiten, den Ökosystemen, einen moralischen Wert bei. Diese Ethiken zielen darauf ab, dem Gesetzgeber einen theoretischen Unterbau für seine Gesetzesvorschläge zu liefern. Moral und Recht sind bekanntlich nicht dasselbe. Trotzdem haben sich zu Beginn der 1970er Jahre in der anglophonen Welt unter dem Druck des »ökologischen Handlungsbedarfs« oder der »Umweltkrise« die Umweltphilosophien und -ethiken mit dem Ziel formiert, den Rechten der Natur zu Anerkennung zu verhelfen. Einer der ersten juristischen Vorschläge zur Zuerkennung von »juristischen Rechten an natürliche Objekte,« der des amerikanischen Juristen Christopher Stone mit dem Titel »Sollten Bäume Rechte haben?«[354], drückt den Willen aus, angemessene juristische Werkzeuge zur Lösung von Umweltproblemen zu schaffen. Es ging in diesem Fall darum, ein Tal voller Sequoien in Südkalifornien gegen die Errichtung einer Wintersportanlage zu schützen. In Frankreich machte sich ein von Bernard Edelman und Marie-Angèle Hermitte herausgegebener Sammelband, *L'Homme, la nature et le droit,*[355] Ende der 1980er Jahre an die damals gewagte Arbeit, für Rechte für die Natur einzutreten.

Die Aufgabe westlicher Philosophen, die »natürliche Einheiten« schützen wollen, besteht nun darin, die Grundfesten des einfach instrumentellen Werts der Natur zu erschüttern, ihren intrinsischen Wert geltend zu machen und ihr damit einen moralischen Status zu verleihen. Diese Vorarbeit zielt darauf ab, das Fundament für das Recht zu schaffen, um neue Werk-

---

354 Christopher D. Stone, »Should Trees Have Standing? – Towards Legal Rights for Natural Objects«, *Southern California Law Review* 45 (1972), S. 450-501.

355 Bernard Edelman und Marie-Angèle Hermitte (Hg.), *L'Homme, la nature et le droit.* Paris: Christian Bourgois, 1988.

zeuge zum Schutz der Natur oder, in ökologischen Begriffen, von Ökosystemen zu gestalten. Gegenstand des Schutzes ist diese Gesamtheit und deshalb jedes einzelne Element, das zu ihrer Gesundheit, Vitalität und Entwicklung beiträgt, das aber in gewisser Weise auch für sich selbst Wert hat. Das Sammeln von wildem Edelweiß zu verbieten, ist das Verbot, der einzelnen Blume zu schaden, um die Fortdauer der Art zu sichern. Ihre Seltenheit verleiht ihnen einen Wert, und insgesamt ist das eine instrumentale Betrachtungsweise dieser Blumen, die, wären sie weitverbreitet, von diesem Standpunkt aus nichts wert wären. Um den Dachstuhl der Kathedrale von Notre-Dame wiederherzustellen, den sogenannten »Wald«, wäre es notwendig, hunderte von hundertjährigen Eichen zu fällen. Das hätte wohl wenig mit einer blindwütigen Entwaldung zu tun (obschon wir das nicht wissen). Was aber denken die Verteidiger der Bäume über eine Entwaldung für den Wiederaufbau einer Kathedrale? Letztlich besteht keinerlei Notwendigkeit, den Dachstuhl wieder aus Holz zu bauen.

Meere, Flüsse und Bäche, Feuchtgebiete, Berge und Wälder müssen vor »Umweltschäden« geschützt werden, weil sie unsere »Umwelt« sind, ein Begriff, der ihnen kaum gerecht wird. Stellen wir uns diese Räume einen Moment lang ohne jegliches Tierleben vor, ohne Säugetiere, Vögel, Insekten, Spinnen oder Fische; stellen wir uns einen Moment diese toten Räume vor. Was bliebe von ihrer Prägnanz für den Betrachter, denjenigen, der ihnen lauscht? Ist es bei einem Baum wirklich anders, auf dessen Rinde Insekten laufen, der Tausende Unterschlupfe für tierisches Leben beherbergt, bisweilen Vogelnester, und den Vögeln einen Rastplatz bietet? Flüsse und Berge sind sicherlich viel mehr als Wasser und Stein. Sie haben eine Form und einen Standort, die sie besonders machen. Sie haben eine kulturelle Dimension angenommen, einen Namen erhalten. Ihre Geschichte ist nicht nur eine geologische oder auch nur geographische Geschichte – Menschen haben diese Meere befahren und befahren sie weiter, Tiere leben darin; diese Berge werden bestiegen, überflogen, eingeatmet. Diese Ensembles besitzen eine ästhetische Konsistenz: Sie wurden in allen Zeitaltern gemalt und beschrieben. Das Subjekt, das sich uneigennützig in die Natur versenkt, erlebt eine ästhetische Erfahrung,[356] die erhebend sein kann, insbesondere wegen des geheimnisvollen, unbegrenzten, unergründlichen Charakters[357] dieser Natur. Was diesen Gefühlszustand ermöglicht, ist eine nicht-instrumentale Haltung ihr gegenüber.

Damit drängt sich uns die Gewissheit auf, dass all das, *diese Gegebenheit,* vor unserer Verwüstung und unseren Verschmutzungen zu schützen ist. Hier geht es um etwas ganz anderes als eine malerische Würdigung, denn wir sind somit nicht in der Position des Beobachters, sondern tauchen in sie ein, und dies verändert die Grenzen unseres Seins, erweitert es. Der schlichte Spaziergang in einem Garten liefert die Gründe, ihn zu respektieren, und dabei ist Catherine und Raphaël Larrère zufolge kein naturalistischer Sophismus im Spiel, weil es sich um eine *Erfahrung* und keine *Folgerung* handelt: Aus dieser Erfahrung der Schönheit, dieser »Form des Naturalismus im moralischen Sinne des Begriffs,« entsteht die Norm.[358] Wenn auch der ästhetischen Erfahrung eine Schlüsselrolle im Entstehen der moralischen Beschäftigung in Bezug auf die Natur zuzugestehen ist,[359]

---

[356] Vgl. Ronald Hepburn, »Contemporary Aesthetics and the Neglect of Natural Beauty«, in Allen Carlson und Arnold Berleant (Hg.), *The Aesthetics of Natural Environments.* Peterborough, Ont.: Broadview Press, 2004, S. 44-62.

[357] Vgl. Arnold Berleant, »The Aesthetics of Art and Nature«, in Salim Kemal und Ivan Gaskell (Hg.), *Landscape, Natural Beauty and the Arts.* Cambridge: Cambridge University Press, 1993, S. 228-243.

[358] Catherine Larrère und Raphaël Larrère, *Penser et agir avec la nature,* op. cit., S. 82.

[359] Vgl. Holmes Rolston, III, »From Beauty to Duty: Aesthetics of Nature and Environmental Ethics«, in Arnold Berleant (Hg.), *Environ-*

so kommt man doch leider nicht umhin zuzugeben, dass, wenn der Gesetzgeber zum Beispiel die Meere vor einer übermäßigen Verschmutzung schützt, dies zunächst geschieht, um die Fischbestände zu schützen, die wir weiter befischen wollen. Die Grundlage eines solchen Schutzes ist radikal anthropozentrisch. Die Meere zu schützen, um weiterhin die Fischbestände auszubeuten – ist das Umweltethik oder ist das nur, was von ihr in entstellter Form in den Gesetzestexten übrigbleibt? Beschäftigt sich die Umweltethik um ihrer selbst willen mit den Fischen?

Der Biozentrismus ebenso wie der Ökozentrismus erkennt heterogene Einheiten an, deren Wertgrundlage damit nicht zu unterscheiden ist – außer, man betrachtet die molekulare Ebene, auf der alles gleich zu sein scheint. Die biozentrische Ethik, in der die Wertschwerpunkte sich zu lauter individuellen lebendigen Wesenheiten vervielfältigen, ist offensichtlich unmöglich umzusetzen. Denn das »Leben«, das hier für das relevante (also notwendige und ausreichende) Kriterium gehalten wird, erfüllt Säugetiere ebenso wie Bakterien oder Pflanzen. Wie ist theoretisch und praktisch dieselbe moralische Achtung, selbst eine einfache moralische Achtung, vor einer derartig schwindelerregenden Zahl von Wesenheiten möglich, deren Leben noch dazu verflochten sind? Albert Schweitzer, dessen Ethik des Lebens eher in einer Erfahrung[360] wurzelt als in einer reinen Konzeptualisierungsarbeit, ist der französische Repräsentant eines Bio-

---

ment and the Arts: Perspectives on Environmental Aesthetics. London, New York: Routledge, 2002, S. 127-141, hier 127; und Ned Hettinger, »Objectivity in Environmental Aesthetics and Protection of the Environment«, in Allen Carlson und Sheila Lintott (Hg.), *Nature, Aesthetics, and Environmentalism: From Duty to Beauty*. New York: Columbia University Press, 2008, S. 413-437, hier 413-415.

360 Albert Schweitzer, *Aus meinem Leben und Denken*. Hamburg: Meiner, 2011, S. 136: »Am Abend des dritten Tages, als wir bei Sonnenuntergang gerade durch eine Herde Nilpferde hindurchfuhren, stand urplötzlich, von mir nicht geahnt und nicht gesucht, das Wort ›Ehrfurcht vor dem Leben‹ vor mir. Das eiserne Tor hatte nachgegeben […] Nun

zentrismus, der auf der folgenden Feststellung fußt: »Ich bin Leben, das leben will, inmitten von Leben, das leben will.«[361] Albert Schweitzer schreibt in den 1920er Jahren. Der Stand der Reflexion über die Ethik und die Rechte der Lebewesen, ebenso wie über die »ökologische Dringlichkeit,« entsprach nicht derjenigen unserer Zeit, und das ist vielleicht der Grund, warum sein Biozentrismus ihn nicht veranlasste, starke Rechte für alle lebenden Wesenheiten zu formulieren. Letztlich fordert Schweitzer zur Mäßigung, manchmal zur Zurückhaltung auf, nicht zum absoluten Respekt vor allem, das »leben will«.

Abschließend ist bezüglich der juristischen Umsetzung dieser Umweltethiken zu betonen, dass es keineswegs notwendig ist, zum Beispiel Bäumen »natürliche Rechte« zuzuerkennen oder sie zu personifizieren, um in Betracht zu ziehen, sie zu rechtlich geschützten Wesenheiten zu machen. Die juristische Fiktion erfüllt diese Rolle vollkommen, umso mehr, als auf sie nicht in Bezug auf Beliebiges zurückgegriffen werden kann – »das rechtliche Übereinkommen muss mit einer bestimmten Zahl von Werten übereinstimmen«[362].

Die kürzlich erfolgte Zuerkennung einer Rechtsperson an natürliche Einheiten (ein Fluss und zwei Ströme) steht im Kontext der zweifachen Bewegung einer theoretischen Fundierung (sei sie philosophischen, wissenschaftlichen oder religiösen Ursprungs) und einer legislativen Entscheidung. Zu erwähnen

---

war ich zu der Idee vorgedrungen, in der Welt- und Lebensbejahung und Ethik miteinander enthalten sind.«

[361] Albert Schweitzer, *Kultur und Ethik*. München: C. H. Beck, 1990, S. 330.

[362] Catherine Larrère, Vorwort zur französischen Übersetzung des Artikels von Christopher Stone (s. FN 5 in diesem Abschnitt), *Les arbres doivent-ils pouvoir plaider? Vers la reconnaissance de droits juridiques aux objets naturels*. Aus dem Amerikanischen von Tristan Lefort-Martine, mit einem Vorwort von Catherine Larrère. Lyon: Le passager clandestin, 2017, S. 23 und 25.

ist die Zuerkennung der Eigenschaft eines »einzigartigen Lebewesens« oder, je nach Kommentator, einer »juristischen Person,« die Neuseeland dem Whanganui River und der indische Bundesstaat Uttarakhand zwei indischen Strömen, dem Ganges und dem Yamuna, nach der ohne größere Wirkung gebliebenen Ambition der Verfassung von Ecuador aus dem Jahr 2008 mit dem Aufruf in ihrer Präambel, »die Natur, die Pacha Mama, deren Teil wir sind und die für unser Dasein lebenswichtig ist,« zu feiern, im Jahr 2017 verliehen haben. Die Ursprünge dieser Entscheidungen, also die Werte, auf die sich der Gesetzgeber beruft, sind Pierre Brunet zufolge[363] in der westlichen Konzeption des Öko- oder Biozentrismus, allerdings Marie-Angèle Hermitte zufolge auch in autochthonen oder nicht-monotheistischen religiösen Einflüssen zu suchen, die in ihnen zwei mögliche Spielarten des »zeitgenössischen juristischen Animismus«[364] sieht, die sie noch um die Wissenschaft ergänzt. Diese Entscheidungen sind mit der Überbetonung der Sprache der »Rechte« Ausdruck einer gewissen Verzweiflung angesichts des offenkundigen Scheiterns des Bezugs auf die Pflichten des Menschen und die menschliche Verantwortung ebenso wie der juristischen Maßnahmen zum Schutz der biologischen Vielfalt im »Umweltrecht«. Diese Überbetonung ist auch »animistisch,« als hätte das *Wissen* um die Katastrophe kaum eine Wirkung, wenn es nicht vergeblich ist, und als wäre es vielversprechender, die Natur spirituell aufzuladen.

Allerdings, wie Catherine Larrère und Raphaël Larrère sehr richtig anmerken, »verändert man weder die Ontologie noch seine Art, sich auszudrücken, durch eine schlichte Ent-

---

363 Pierre Brunet, »Les droits de la nature«, op. cit.

364 Marie-Angèle Hermitte, »Artificialisation de la nature et droit(s) du vivant«, in Philippe Descola (Hg.), *Les Natures en question*. Paris: Odile Jacob, 2018, S. 257-284. Zu den »drei Wegen des zeitgenössischen juristischen Animismus«, siehe S. 265-273.

scheidung«[365]. Auch wäre der Rückgriff auf anthropo-zoologische Kategorien zu hinterfragen, mit denen Pflanzen beschrieben werden, oder auf nicht-westliche Traditionen, um die Natur und ihre Elemente zu benennen. Ist das die beste Methode, die Gesellschaft zu mobilisieren? Ist das der beste Weg, den Gesetzgeber zu überzeugen, umso mehr, als René Demogue zufolge »die Eigenschaft desr Rechtssubjekts [...] einer der Belange [ist], denen Mitglieder einer Gesellschaft ausreichend Bedeutung zumessen, um sie durch den technischen Kniff der juristischen Person zu schützen«[366]? Demogue empfiehlt zum Beispiel auch, und zwar, weil es ein »Interesse daran gibt, so zu handeln,«[367] Tote und künftige Generationen zu Rechtssubjekten zu machen, räumt aber ein, dass man damit die Grenzen des Bereichs der Rechtssubjekte unendlich ausdehnen würde, während der römische Geist, der »präzise Trennlinien« zieht, zwar der Struktur unseres Verstands entspricht, allerdings kaum der »Komplexität der Welt«[368]. Kurz, von einem technischen Standpunkt aus, wohlverstanden der juristischen Technik, ist nichts unmöglich. Die Konzepte »Personifizierung«, »Rechtssubjekt« oder »Rechtszentrum« werden hier als technische Instrumente verstanden, die auf dieser Ebene einwandfrei sind, wenn sie es auf der Ebene des »Rechtsgrunds«[369] sind, wenn es zum Beispiel darum geht, ein Denkmal zu personifizieren.

---

[365] Catherine Larrère und Raphaël Larrère, *Penser et agir avec la nature,* op. cit., S. 10.

[366] René Demogue, »La notion de sujet de droit. Caractères et conséquences«, *Revue trimestrielle de droit civil,* Nr. 3, 1909, S. 611-655, Zitat S. 630.

[367] Ebenda, S. 631.

[368] Ebenda, S. 635. Auf der nächsten Seite fügt René Demogue hinzu: »Indem wir so zeigen, wie sich die Rechtspersonen unendlich vervielfältigen, machen wir deutlich, dass der Vorwurf [...], dass diese Eigenschaft sich in einer unendlichen Fragmentierung verlieren würde, keineswegs zutrifft. Sie drängt sich uns durch die Realität der Dinge auf [...],«

[369] Ebenda, S. 639.

Dabei ist belanglos, dass Demogue in der Konstruktion seines Begriffs des Rechtssubjekts die Pflanzen nicht erwähnt, die zu seiner Zeit kein Anliegen waren.

Von diesen Anmerkungen sollte im Gedächtnis behalten werden, dass es nicht notwendig ist, die Einheiten, die man zu schützen wünscht, mit einer Aura aufzuladen, die ihnen die zeitgenössische westliche Kultur nicht zuerkennt. Sehr merkwürdig erscheint mir der Zugang, der darin besteht, ein Element aus Kulturen zu schöpfen, die dem westlichen Denken völlig fremd sind, und es zu importieren, denn eine Weltanschauung (eine Ontologie oder eine Kultur) ist eine *Struktur*. Kulturen sind freilich keine feststehenden und undurchdringlichen Blöcke, und ihr Leben durchmischt sich im Austausch, der sie ständig nährt und Anlass dazu gibt, ihre Unterschiede neuerlich zu bekräftigen oder im Gegenteil den Weg zu Veränderungen zu eröffnen, das aber im Rahmen von langfristigen historischen Prozessen. Man kann nicht einfach entscheiden, ein Element aus einer Kultur zu entnehmen, um es in eine andere Kultur zu importieren. Auffällig ist hier die Künstlichkeit gewisser Vorschläge, die nichts dazu prädestiniert, akzeptiert zu werden. Es ist bemerkenswert, dass mehrere französische Autoren nicht mehr von der Erde sprechen, sondern von Gaïa oder auch Pacha Mama. Die Pflanzen wiederum werden unter der Feder einiger anderer zu Personen: *Plants as Persons* ist der Titel des (bereits erwähnten) Buches von Matthew Hall, der in ihnen »autonome Subjekte« sieht, in Bezug auf die er das Konzept der »*plant personhood*« entwickelt. Er ist der Meinung, dass der Zoozentrismus ein »politisches Ausschlusswerkzeug« ist, das es ermöglicht, die Pflanzen aus dem Kreis der moralischen Betrachtung zu verbannen.[370] Man versucht, die Fehler des westlichen Konsumismus zu bekämpfen, indem man auf Vorstellungen, Begriffe,

---

[370] Matthew Hall, *Plants as Persons,* op. cit., S. 13.

Bilder zurückgreift, die auf ein nicht assimilierbares Anderswo anklingen lassen, weil wir uns mit diesem Vokabular und den Bildern, die es transportiert, nicht verändern werden.

Die blinde Großzügigkeit des Biozentrismus und ihre Folgen

Wie und auf welcher Grundlage wäre ein absolutes Recht jeder natürlichen Einheit zu berücksichtigen? Muss man das Primat, das dem Kriterium der Empfindungsfähigkeit zugestanden wird, tatsächlich als »chauvinistisch« einstufen, wie es mehrere Kritiker des Pathozentrismus geltend machen? Kenneth Goodpaster zufolge sind weder das kantische Kriterium der Vernunft noch das utilitaristische von Schmerz und Wohlbefinden notwendig. Er zieht ihnen »den Zustand des Lebendigseins« vor, der sich als Kriterium der »moralischen Berücksichtigungswürdigkeit« selbst aufdrängt: »es gibt etwas, das verlangt, berücksichtigt zu werden«, nämlich »*das Leben*[371]«. Dieser Zustand ist, wie wir gesehen haben, weit davon entfernt, leicht zu erfassen zu sein, wenn man eine große Zahl von Unterscheidungen berücksichtigen will, was das Mindeste ist, das man von einer philosophischen Betrachtung erwarten darf.

Auch die scheinbare Großzügigkeit einer Ethik des *Lebens im Allgemeinen* kollidiert mit den Rechten, die sich auf das individuierte und empfindungsfähige Leben stützen, das endliche, sorgenreiche Leben, das Leben von Wesen aus Fleisch und Blut, das Leben von Wesen, die Augen haben, einen Blick. Erstaunlicherweise haben diese kein besonderes Gewicht angesichts der vagen Gesamtheit, die das Leben im Allgemeinen

---

[371] Kenneth E. Goodpaster, »On Being Morally Considerable«, *Journal of Philosophy* 75, 1978, S. 308-325.

oder sogar die Ökosysteme bilden. Zudem ist es kaum nötig, die Absurdität einer strengen Anwendung einer Ethik näher zu erläutern, die sich vom Pathozentrismus (der Fähigkeit, Leid zu empfinden verleiht allein dadurch besondere und starke Rechte) hin zum Biozentrismus (jedes Lebewesen ist moralisch berücksichtigungswürdig) oder dem Ökozentrismus[372] (Spezies und Ökosysteme sind moralisch berücksichtigungswürdig) verschiebt. Jean-Yves Goffi stellt das in Bezug auf die »Ethik der Erde« von Aldo Leopold fest. Diese schließt »Böden, Gewässer, Pflanzen und Tiere, oder kollektiv: die Erde«[373] in die moralische Gemeinschaft ein. Wie Jean-Yves Goffi anmerkt, müssten sich die Ideale der Gleichheit, von denen die Sklaven-, Frauen- und Minderheitenbefreiungsbewegungen erfüllt sind, logisch auch in Bezug auf Böden, Gewässer und Pflanzen wiederfinden, für die diese Ethik einsteht. Wenn sie keine leere Hülle bleiben will, müssen sich ihre Prinzipien verkörpern. Ist nicht die Zielsetzung jeder Ethik praktisch? Hier fällt es schwer, sich vorzustellen, »was konkret die Umsetzung des Slogans ›Freiheit und Gleichheit für Böden, für Gewässer und Pflanzen‹ sein könnte«, und Jean-Yves Goffi fügt hinzu, dass der Forderung ihrer Ethik

---

[372] Die Grenzlinie zwischen diesen Ethiken ist manchmal unscharf, da entweder Einheiten oder Gruppen von Einheiten ein intrinsischer Wert zuerkannt wird. Ihre Gründer sind Aldo Leopold (*Am Anfang war die Erde. Plädoyer zur Umwelt-Ethik.* Mit einer Einleitung von Horst Stern. München: Knesebeck, 1992); Holmes Rolston III (»Is there an Ecological Ethic?«, *Ethics* 85, 1975, S. 93-109), Paul W. Taylor (»The Ethics of Respect for Nature. Human-Centered and Life-Centered Systems of Environmental Ethics«, *Environmental Ethics* 3 (3), 1981, S. 197-218), John Baird Calicott, *In Defense of Land Ethic. Essays in Environmental Philosophy.* New York: Suny Press, 1989. Eine Zusammenfassung des Ökozentrismus findet sich bei Catherine Larrère, *Les Philosophies de l'environnement.* Paris: PUF, »Philosophies«, 1997, S. 18-38, und Rémi Beau, »Ecocentrisme«, in: Dominique Bourg und Alain Papaux (Hg.), *Dictionnaire de la pensée écologique,* op. cit., 2015, S. 307-309.

[373] Jean-Yves Goffi, *Le Philosophe et ses animaux. Du statut éthique de l'animal.* Nîmes: Éditions Jacqueline Chambon, 1994, S. 253.

zufolge »die Vertreter der tierischen Gleichstellung einstimmig annehmen, dass eine vegetarische Ernährung zwingend notwendig ist, will man seinen Überzeugungen konkrete Gestalt verleihen. Sollen nun auch Pflanzen und Gewässer gleichgestellt werden, wird man dann darauf verzichten müssen, Wasser zu trinken und Gemüse zu essen? Aldo Leopold hatte diesbezüglich keine Skrupel, er war Jäger und sogar Vorsitzender der Wildbewirtschaftung an der Universität von Wisconsin.«[374]

Betonen wir mit Tom Regan, dass »unklar ist,«[375] warum wir direkte Pflichten gegenüber »Grashalmen, Kartoffeln oder Krebszellen« haben sollten, obwohl sie alle lebendig sind. Mit diesen Beispielen ist zumindest intuitiv zu erfassen, dass die Eigenschaft, lebendig zu sein, nicht eindeutig – soviel lässt sich zumindest sagen – das Bestehen eines inhärenten Wertes im Kern jedes lebendigen Elements und damit direkte Pflichten ihm gegenüber auferlegt. Auch müssen wir ein moralisch stichhaltiges Kriterium finden, um die Klasse der Lebewesen einzugrenzen, denen gegenüber wir direkte Pflichten haben, und es scheint dank dieser Beispiele, dass das Kriterium des Lebens diese Aufgabe nicht erfüllt. Die Stichhaltigkeit der Ableitung, die vom Sein zum Sein-Müssen führt, ist im Hinblick auf Wesenheiten unklar, die sich nicht um sich selbst bekümmern – hier ist zu präzisieren: in einem zielgerichteten Verhältnis, denn man wird uns antworten, dass die Selbstregeneration der Pflanze, eines der Kriterien des Lebewesens, eine Art ist, sich um sich selbst zu kümmern. Wir haben es bereits gesagt: Es gibt keine pflanzliche *Oikeiosis*. Die »Gesundheit« von nicht empfindungsfähigen, nicht *sentienten* biologischen Wesenheiten – wenn man wirklich diesen Neologismus bemühen muss, um der Empfindungsfähigkeit ihre emotionale Dimension zurück-

---

374 Ebenda.

375 Tom Regan, *Les Droits des Animaux*. Aus dem Englischen von Enrique Utria. Paris: Hermann, »L'avocat du diable«, 2012, S. 478.

zugeben und daran zu erinnern, dass es ohne psychisches Leben keine Empfindungsfähigkeit gibt – zu welchen die Pflanzen gehören, ist nicht deckungsgleich mit dem »Wohlergehen« jener, die *sentient* sind.[376]

An dieser Stelle stellt sich die klassische Frage nach dem Umfang der moralischen Rücksicht, die Joel Feinberg beleuchtet. Indem er Rechte an Interessen knüpft, also an das Eigengut, verwirft Feinberg die Perspektive, der zufolge den Pflanzen Rechte zuerkannt werden müssten. »Eine bloße Sache, unabhängig von ihrem Wert in den Augen anderer, hat keinerlei Gut, das ihm eigen ist [...] bloße Sachen haben kein konatives Leben: keine bewussten Wünsche, Begehren oder Hoffnungen; keinen Antrieb oder Regungen; [...] keine latenten Tendenzen«[377] – gilt dies auch für Pflanzen? Ausgehend vom positiven Recht, fragt sich Feinberg, ob das Ernteverbot in Bezug auf einige Pflanzen bedeutet, dass Pflanzen Rechte haben. Wenn wir zugestehen, dass sie tatsächlich keine »bloßen Sachen« sind, dass sie lebendig sind und Tendenzen zeigen, wenn wir gemeinhin sagen, dass es Dinge gibt, die für sie gut oder schlecht sind, führt uns der gewöhnliche Sprachgebrauch in die Irre. Denn, so Feinberg, wir sprechen ähnlich etwa über Verkleidungen, die für die Mauern eines Hauses gut oder schlecht sind. Und wenn wir auch »Gefühle für bestimmte Pflanzen haben können, auch wenn es selten ist, dass wir sie personifizieren, indem wir ihnen einen Eigennamen geben, wie wir das gewöhnlich bei Tieren tun [...] anerkennen doch alle, dass Pflanzen nicht die Art von Wesen sind, die Rechte besitzen können«[378]. Joel Feinberg ver-

[376] Antoine C. Dussault, »Welfare, health, and the moral considerability of nonsentient biological entities«, in *Les Ateliers de l'éthique* 13(1), Winter 2018, S. 184-209.
[377] Joel Feinberg, »The Rights of Animals and Unborn Generations«, in William T. Blackstone (Hg.), *Philosophy & Environmental Crisis*. Athens, GA: The University of Georgia Press, 1974, S. 43-68, hier 49.
[378] Ebenda, S. 52.

öffentlichte diesen Artikel 1974. Vielleicht müsste er heute das Verb ins Perfekt setzen, denn eine kürzlich erschienene »Erklärung der Rechte des Baumes« fordert, der Baum müsse »über sein ganzes Leben hinweg respektiert werden, mit dem Recht, sich frei zu entwickeln und fortzupflanzen, von seiner Geburt bis zu seinem natürlichen Tod, sei er ein Baum in der Stadt oder auf dem Land. Der Baum ist als Rechtssubjekt zu betrachten, auch hinsichtlich der Regeln, die das menschliche Eigentum regeln.«[379] Würden sie für Tiere vorgeschlagen, würden derartige Forderungen nicht als »extremistisch« eingestuft?

Wir haben die Bedürfnisse von Pflanzen von den Wünschen von Tieren oder Menschen (so stark sie sich auch voneinander unterscheiden mögen) abgegrenzt, die durch Distanz und spontane Bewegung geprägt sind. Ein Interesse setzt sich »aus *Wünschen* und *Zielen* zusammen, die einen *Glauben* oder kognitives Bewusstseins voraussetzen.«[380] Der Gegenstand wird aufgrund dessen begehrt, was er ist, und der Begriff »Bedürfnis« hat nicht dieselbe Bedeutung, wenn wir von Pflanzen sprechen als wenn wir von Tieren oder Menschen sprechen. »Es ist ein Gemeinplatz, dass das Wort *Bedürfnis* mehrdeutig ist.«[381] Die physikalisch-chemischen Reaktionen, die in der gesamten lebenden Welt vorhanden sind, reichen daher nicht aus, um gelebte Interessen zu kennzeichnen. »[Z]u sagen, dass ein Baum Sonnenlicht und Wasser braucht, heißt, dass er ohne sie nicht wachsen und überleben kann«, aber der Baum macht nicht die gelebte Erfahrung eines Mangels (ich wiederhole hier nicht, was ich bereits im zweiten Teil gezeigt habe), sodass, Feinberg

[379] »Déclarations des droits de l'arbre«, proklamiert im Zuge des Kolloquiums zur Nationalversammlung am 5. April 2019, das der Verein A.R.B.R.E.S. remarquables organisiert hatte. Ich danke Nicolas Treich dafür, mich auf diesen Text aufmerksam gemacht zu haben.

[380] Joel Feinberg, »The Rights of Animals and Unborn Generations«, op. cit., S. 52.

[381] Ebenda, S. 53.

zufolge, die Berücksichtigung dieser Bedürfnisse »keinerlei ›Pflicht‹ der Menschen ihnen gegenüber begründen kann. [...] Die zweite Quelle der Verwirrung ist die Art, wie wir gewöhnlich von Pflanzen als Lebewesen sprechen, die wachsen und gedeihen oder verkümmern und verblühen.«[382]

Die Sache wird sonnenklar, wenn man diese Idee überprüft, indem man von den »Interessen, die Menschen daran haben zu gedeihen, als wären diese Pflanzen,«[383] spricht: In diesem Fall täuscht die metaphorische Dimension niemanden. Wenn man dagegen über Interessen von Pflanzen in einem ähnlichen Sinn spricht, wie wir ihn auf Menschen anwenden, heißt das, »die Metapher ohne guten Grund im Kreis zu führen«[384]. Auch wollen wir Feinberg zufolge die Bäume für die kommenden Generationen schützen, nicht um ihrer selbst willen. Sie gehören nicht zu der Gesamtheit von Wesen, die ein »Eigengut« haben, das, bestehen wir darauf, nicht mit den biologischen Anlagen zu verwechseln ist, die Bäume beleben. »Ohne jedes Bedürfnis und bewusstes Ziel für sich selbst können Bäume keine Genugtuung oder Frustration, keine Freude oder Schmerz empfinden. Daraus folgt, dass nicht klar ist, worin eine grausame Behandlung von Bäumen bestehen würde. In diesen moralisch entscheidenden Aspekten unterscheiden sich Bäume von höheren tierischen Spezies.«[385]

Auch wenn die Großzügigkeit des Biozentrismus blind ist, insofern, als sie diese Unterscheidungskriterien übersieht, ist sie dennoch schuldhaft. Wie wir noch sehen werden, geht die Naturverbundenheit fast systematisch mit einem Vergessen, im schlimmsten Fall einer Verachtung gegenüber Tieren einher. Umgekehrt trifft dies nicht zu. Das Fehlen jeder Sorge um Tiere

---

382 Ebenda, S. 54.
383 Ebenda.
384 Ebenda, S. 55.
385 Ebenda, S. 52

auf Seiten der Autoren von *L'Homme, la nature et le droit* (op. cit.) stellt Élisabeth de Fontenay im Nachwort zu diesem Band fest: »Was das Tier betrifft, haben es die Autoren dieses Buches übersehen [...]. Unsere vier Juristen haben nicht vor, das Tier zum Rechtssubjekt zu machen, sie belassen es in seinem Status einer Sache, einer Mobilie oder Immobilie, obwohl sie doch beabsichtigen, Umweltregionen Personenstatus zu verleihen.«[386] Tatsächlich gibt es zahlreiche Philosophen und Juristen, die sich mit Umwelt oder Natur auseinandersetzen, und noch zahlreicher sind die militanten Umweltaktivisten, die sich allesamt absolut nicht für das Schicksal wilder Tiere *als Individuen* interessieren. Ihr Leid und ihre Tötung lassen die meisten von ihnen kalt, solange nur die Spezies weiterlebt, allerdings nur, wenn diese zu dem Repertoire jener gehört, die sie schätzen. Was nicht »wild« ist, hat in ihren Augen kaum einen Wert, gar nicht zu sprechen von den Spezies, die nicht nur domestiziert, sondern von der Hand des Genetikers »verbessert« wurden. *Unter diesen Umständen* würde ihr Interesse für die Natur eine separate Analyse verdienen, denn ihre Indifferenz gegenüber dem Schicksal von Tieren in Verbindung mit ihrer Besorgnis um die Schönheit und Gesundheit der Pflanzen und der Lebensräume, die deren Gedeihen dienlich sind, wirft erhebliche Fragen auf. Es ist die Gesundheit der *Spezies,* allein wenn sie *wild* und nicht fremder oder exotischer Herkunft sind und ihre Angehörigen sich ihrer Umwelt nützlich zu machen verstehen und keinerlei Problem verursachen, die in ihren Augen Gegenstand eines Schutzes sein kann. Übrigens, stellt Raphaël Larrère fest, sorgen sich weder die Regelungen zum Schutz der Natur noch Öko-Aktivisten oder Umweltmanager um Tiere als solche, also »als empfindungsfähige Wesen mit mehr oder weniger komplexen mentalen Befindlichkeiten – sondern als

---

[386] Élisabeth de Fontenay, »Une communauté de destin«, Nachwort zu *L'Homme, la nature et le droit,* op. cit., S. 382f.

Exemplare von Spezies, deren Weiterleben bedroht ist und Sorgen bereitet. So operiert der Naturschutz ohne Unterscheidung zwischen dem Schicksal von Tieren und dem von Pflanzen.«[387] In geschützten Räumen (Nationalparks, Naturreservaten usw.) wird die »ökologische Bewirtschaftung« der Tiere über ihre Eliminierung praktiziert. Jene, die einer geschützten Spezies angehören, können Gegenstand eines echten und aktiven Schutzes sein, während jene, deren Spezies kein Problem verursacht, ignoriert und jene, die als unerwünscht betrachtet werden, getötet werden. So, schreibt Isabelle Arpin, »wird über die Tiere in den Schutzräumen ein Tötungsrecht ausgeübt, das neben dem allgemeinen Bestreben steht, leben und überleben zu lassen.«[388]

Catherine Larrère betont es, zwischen »Tieren und Umwelt« ist die Kluft offensichtlich. Die »Logik der Tierrechte ist jene der Erweiterung eines individualistischen Musters«[389] und beruht folglich auf der Empfindungsfähigkeit und dem Interesse des Individuums, insofern es dieses als sein eigenes erlebt. Wie können damit solche Individuen zu bloßen »Naturelementen« oder »natürlichen Gegenständen« herabgewürdigt werden? Mit einem subjektiven Leben ausgestattete Individuen widersetzen sich konzeptuell ihrer Auflösung in der Gesamtheit der Natur. Nun ist aber im Kontext der Umweltethiken immer nur die Rede von »natürlichen Wesenheiten«, die in ein- und derselben Menge Pflanzen und Tiere umfassen, während doch die letzteren – Hegel zeigte es, ebenso wie nach ihm Husserl und Merleau-Ponty – keine »Naturwesen« sind, sondern »Subjekte

---

[387] Raphaël Larrère, »La protection de la nature et les animaux«, *Revue semestrielle de droit animalier,* Vol. 1, 2016, S. 265-276, hier 265.

[388] Isabelle Arpin, »Entre faire vivre et faire mourir. La pluralité des traitements des animaux dans les espaces protégés français«, *Revue semestrielle de droit animalier,* Vol. 1, 2016, S. 248.

[389] Catherine Larrère, *Les Philosophies de l'environnement,* op. cit., S. 45. Vgl. ausführlicher das Kapitel »Les animaux et l'environnement«, S. 39-59.

eines bewussten Lebens«, Existenzen.[390] Sie haben ontologisch und damit moralisch nichts mit Flüssen, Bergen, Pflanzen und Pilzen zu tun. Wildtiere in die »Umweltfrage« einzubeziehen, bedeutet, sie nicht mehr aus dem Blickwinkel der individuierten Subjektivitäten zu betrachten, die sie sind, und auf sie folglich eine »Bewirtschaftung« anzuwenden, die ihrer Besonderheit keinerlei Rechnung trägt.

Es ist viel eher die Auflösung, die Resorption der Interessen von empfindungsfähigen Wesen mit psychischem Leben in die Gesamtheit der Natur, die Besorgnis erregen sollte, als die Forderung von Rechten für Tiere. Rechte für Tiere zu fordern, heißt, das Muster der Individualrechte zu erweitern, innerhalb dessen »der Mensch ein lebendes und leidendes Wesen ist, das allen übrigen Wesen gleicht, ehe es sich von ihnen nach untergeordneten Kriterien unterscheidet«[391]. Und, wie Boyan Manchev feststellt, wenn den Tieren Rechte zuerkannt würden, »wäre das offensichtlich [die] radikale Umwälzung« des Rechts, da sie nicht mehr dem Regime der vernichtbaren Dinge unterworfen wären, doch diese Umwälzung wäre dennoch nur »quantitativ, da die Prinzipien des (sogenannten Menschen-) Rechts in keiner Weise in Frage gestellt würden«[392].

---

[390] Zu den Beiträgen der Phänomenologie zur tierischen Ontologie erlaube ich mir, auf Florence Burgat, *Liberté et inquiétude de la vie animale,* Paris: Kimé, 2006 sowie auf *Une autre existence. La condition animale,* Paris: Albin Michel, »Bibliothèque idées«, 2012 zu verweisen.

[391] Claude Lévi-Strauss, *Strukturale Anthropologie II,* op. cit., S. 55.

[392] Boyan Manchev, »La liberté sauvage. Hypothèses pour une politique animale«, *Lignes* Nr. 28, Februar 2009, S. 77-92, hier 82.

Der Aufruf zu mehr »grünem Bewusstsein«

Das *Dictionnaire de la pensée écologique* [*Wörterbuch des ökologischen Denkens*][393] hat keine Einträge zu »Pflanze« oder »pflanzlich«. In der Tat sind ökologische Anliegen ebenso wie das ökologische Denken vom aktuellen disziplinenübergreifenden Interesse für die Pflanzen selbst zu unterscheiden. Wir wollen uns hier mit dem Aufruf des Philosophen Michael Marder zu »mehr grünem Bewusstsein« beschäftigen, der weit von einer Anthropomorphisierung ebenso wie der Verteidigung der Pflanzen entfernt ist. Freilich spricht er von einer »phytozentrischen Ethik«, die »blühende Wachstumsgemeinschaften sowohl auf der Ebene zwischen Spezies als auch zwischen Tier- und Pflanzenreich«[394] fördert, doch es fällt schwer, deren Konturen zu erfassen, ihre Wirksamkeitsbedingungen und noch mehr ihre konkreten Ziele. Diese fehlen allerdings nicht vollständig, und ein Beispiel wird geliefert: Eine »phytozentrische Ethik der Abtreibung« führt zu einem neuen Verständnis eines Wachstums in einem »entanthropomorphisierten«[395] Körper. Das heißt? Es sind vor allem mächtige metaphysische Einsätze, die Michael Marder den Pflanzen aufbürdet, wenn der Philosoph von dieser absoluten Verschiebung, die sie bewirken sollen, nicht sogar den Sieg über alle unsere Denkmodelle erwartet.

Wie sind wir hier gelandet, bei dieser Versuchung, diesem Wunsch, diesem Willen, alle Zentren zu zerschlagen – insofern dieses neue Zentrum, wie wir sehen werden, den Vorteil hat, keines zu sein? Warum werden moralische Privilegierung und ontologische Tiefgründigkeit von Wesen aus Fleisch und Blut, individuierten, mit einem psychischen Leben ausgestatte-

---

[393] Op. cit.

[394] Michael Marder, »For a Phytocentrism to Come«, *Environmental Philosophy* 11 (2), 2014, S. 237-252, hier 250.

[395] Ebenda, S. 251.

ten Wesen, die geboren werden und sterben, sich und die Welt betrachten, für manche Menschen so unerträglich? Das Heil der anthropomorphen Wesen liegt Marder zufolge im Erwecken der vegetabilen Schicht ihres Gehirns: die »Praxis der ›Stärkung des grünen Bewusstseins‹ [*greening of consciousness*]« werde uns zu unseren »pflanzlichen Wurzeln« zurückführen und uns mit der »unterdrückten phytho-logischen Quelle«[396] konfrontieren. Es handelt sich um eine »Praxis«, keine Geisteshaltung in Bezug auf das Denken einer Alterität, und ein regelrechtes Zukunftsprogramm, dessen Prolegomena Marder für den Moment zu skizzieren behauptet. Hier stehen wir vor einer Entscheidung: »Der Phytozentrismus ist ein transhumaner, pflanzlich gedachter Kommunismus«.[397] Worin also bestehen die Ethik und Philosophie, in die sein Vorschlag mündet, die dem Autor zufolge glücklicherweise kein Zentrum haben und die Pflanze »ins Rampenlicht rücken«[398]?

Bis auf Weiteres waren Biozentrismus und Ökozentrismus die vollendetsten Formen der Dekonstruktion von Anthropozentrismus und Anthropomorphismus. In Bezug auf den Anthropozentrismus: durch die (in der Version der Tiefenökologie radikale) Kritik an der metaphysisch und moralisch zentralen Stellung des Menschen und die Ablehnung der Vorrechte, die er sich uneingeschränkt darüber einräumt, was die Strömungen der Umweltethik »natürliche Wesenheiten« nennen. In Bezug auf den Anthropomorphismus: insofern, als im Zentrum der Werte nicht mehr (oder nicht mehr ausschließlich) der Mensch steht, sondern lebendige Einheiten und folglich heterogene Gestalten (das Leben wird hier in einem nur wenig ausgearbeiteten Sinn verstanden), oder, abseits des Modells der lebendigen Individualität, Ökosysteme. Ein weiterer Einwand

[396] Ebenda, S. 249.
[397] Ebenda, S. 250.
[398] Ebenda, S. 251.

gegen den Anthropozentrismus wurzelt wiederum in der Wertschätzung dessen, was Menschen und Tieren gemeinsam ist, das individuierte, empfindungsfähige Leben. Der Anthropomorphismus wird hier nur partiell abgelehnt; es wird vielmehr dazu aufgerufen, ihn auf die Tiere auszudehnen, die ebenfalls psycho-physische Wesen sind, was, wenn man Rousseau und Lévi-Strauss folgt, in keinerlei Widerspruch zur Anerkennung von jeder Spezies eigenen Merkmalen steht, etwa der menschlichen Gattung, die durch Schrift, die Art ihrer Einflussnahme auf Natur und Tiere, ihre technologische Macht, die selbst aus einer besonderen Form von Intelligenz hervorging, gekennzeichnet ist. Doch das moralisch pertinente Kriterium – die Tatsache, empfindungsfähig (*sentient*) zu sein – ist tatsächlich diese einzige Eigenschaft, die ihnen gemeinsam ist und verpflichtet, sie gegenüber dem jeweils anderen verpflichtet.

Nun ist es gerade diese individuierte Lebensform, in der sich zoomorph und anthropomorph treffen, die sich Michael Marder vornimmt. Der Zoozentrimus ist in seinen Augen eine bloße Konsolidierung des Anthropozentrismus, mit der Begründung, dass die Tiere ihren Verteidigern zufolge aufgrund einer Veranlagung zu schützen seien, die Menschen und Tieren gemeinsam ist.[399] Dieser Philosoph duldet keinen Schutz und noch weniger Mitleid für Lebensformen, die in ihrer Struktur der menschlichen Form ähneln; er bekümmert sich aber auch nicht um die Pflanzen, die »keine Rechte und Interessen einfordern – der Standarddiskurs des zoozentrischen Aktivismus, der einer liberalen Geisteshaltung entspricht«[400]. Die Pflanzen zu verteidigen wäre demnach wohl ihre Anthropomorphisierung, während sie durch ihr formloses Wesen »ins Rampenlicht gerückt« werden, was dazu führen muss, die metaphysische, moralische, politische und juristische Haltung zu brechen, die

399 Ebenda, S. 242.
400 Ebenda, S. 246.

sich auf die individuierte psycho-physische Gestalt bezieht. Der Phytozentrismus mischt sich hier in die Diskussion, nicht als unmögliche Möglichkeitsbedingung einer Erkenntnis des pflanzlichen Lebens, sondern als Werkzeug im »Kampf gegen das unheilvolle Erbe des Anthropomorphismus«, des »unaufhörlichen Ringens« gegen ihn.[401] Nicht die Schädigung von Natur und Pflanzen treiben den Autor dieses Kampfes um, sondern der Wunsch, das »anthropozentrische System der Selbsterkenntnis«[402] kurzzuschließen, indem er sich für eine »tiefgreifende Dezentrierung des *anthropos* in Bezug auf die pflanzliche Lebenskraft und die Fähigkeiten der Pflanzen«[403] einsetzt. Michael Marder greift ebenso den Biozentrismus an, den er nicht nur der Abstraktion bezichtigt (ihm zufolge verlieren sich die Nutznießer dieser Ethik in einer idealen Natur oder der Allgemeinheit des *bios*), sondern auch beschuldigt, »die metaphysischen Totalitäten« wiederauferstehen zu lassen, die »für die Schädigung, Entwertung und Instrumentalisierung der Umwelt verantwortlich waren.«[404]

Warum sucht man um jeden Preis eine Lebensform, die sie alle aufnehmen und damit auflösen könnte? Das Unternehmen sieht sich als durch und durch zerstörerisch: Der Phytozentrismus muss »eine verwirrende Wirkung entfalten, durch die die Menschen nicht mehr fähig wären, mangelhafte Versionen ihrer selbst zu erkennen [...] indem er das anthropozentrische System der Selbsterkenntnis kurzschließt«[405]. Warum zu einem solchen Debakel aufrufen? Was würde der Mensch, was die Welt dadurch gewinnen? Michael Marder findet im pflanzlichen Leben die glückliche Ebene der Allgemeinheit, nach der er sucht:

---

[401] Ebenda.
[402] Ebenda.
[403] Ebenda, S. 242.
[404] Ebenda, S. 240.
[405] Ebenda, S. 247.

»Unsere Aufmerksamkeit auf die Pflanzen zu konzentrieren, heißt ebenso, sie auf alle anderen Lebewesen zu verteilen. Die zweifelhafteste Lebensform erweist sich als die universellste.«[406] Der metaphysische Phytozentrismus verliert an Verständnis, was er an Ausdehnung gewinnt, umso mehr, als Marder vorschlägt, Gesteine zu inkludieren, »die häufig wie Embryonen als im mütterlichen Körper der Berge reifend verstanden worden sind«[407]. Doch die wahre Kraft dieses Phytozentrismus bestünde nicht daraus, ein »Lebenszentrum« darzustellen, sondern »die immanente Implosion seines Zentrums«[408] zu sein. Wir würden so die bereits erwähnte »tiefste« Schicht unseres Gehirns wiederentdecken, eine »pflanzliche, ›grüne‹ Schicht«[409].

Diese metaphysische, aber auch moralische und politische Proposition (deren Relevanz mir ebenso wie ihr Vorteil, auf welcher Ebene auch immer, unklar bleibt), schreibt eine Ontologie des pflanzlichen Lebens desselben Autors weiter, in der bereits der Aufruf zu einer Arbeit an der Entmenschlichung aufgetaucht war, die voraussetze, dass der Mensch sich von der Pflanze verändern ließe und *plant-like*[410] werde. Der unbestimmte Körper der Pflanze habe die Macht, das »metaphysische Paradigma«[411] zu vernichten. Der Autor demonstrierte dort, wie anders, radikal anders, das pflanzliche Leben ist. Zwischen seiner Philosophie des pflanzlichen Lebens, die sich in manchen Zügen mit dem überschneidet, was ich selbst herausgearbeitet habe (etwa heterogene Zeitlichkeit oder Gleichgültigkeit), und seinem

---

[406] Ebenda, S. 243.
[407] Ebenda, S. 245.
[408] Ebenda.
[409] Ebenda, S. 247.
[410] Michael Marder, *Plant-Thinking. A Philosophy of Vegetal Life.* New York: Columbia University Press, 2013, S. 15, 34 und S65.
[411] Ebenda, erster Teil: »Vegetal anti-metaphysics«, Kapitel 2: »The Body of the Plant; or the Destruction of the Metaphysical Paradigm«, S. 33 ff.

Aufruf zu einem grüneren Bewusstsein mit einem Programm mit unerfindlichen Zielen, überschreitet Michael Marder eine befremdliche Schwelle und zeigt einmal mehr, dass Studien über das pflanzliche Leben, zumindest einige von ihnen, dafür verantwortlich sind, das anthropo-zoozentrische Modell des empfindungsfähigen Individuums »implodieren« zu lassen und dadurch die moralische und juristische Perspektive zu entwerten, innerhalb derer *sentiente* Wesen (wenn dieser Neologismus es ermöglicht, Missverständnisse zu vermeiden) Rechte besitzen könnten, die ihrem Wesen als sich selbst bewussten Existenzen entsprechen.

Pflanzenleid, ein neuer Einwand gegen die Sache der Tiere

Wir verlassen hier nicht wirklich die Perspektive der Implosion jedes Zentrums, wenn wir uns nun dem Credo des Pflanzenleids und den Einsätzen zuwenden, die sich darunter verbergen. Es wird von Autoren mehr oder weniger vorausgesetzt, die Pflanzen mit einem Gefühlsleben, mit Intelligenz und Bewusstsein ausstatten, die bis zu Hellsichtigkeit, Wohlwollen, Abschreckung usw. reichen. Diesen Blick wagt man kaum als theoretisch zu bezeichnen; hier wurde er als neoanimistisch definiert, denn er stützt sich gerne auf eine Vorstellungswelt oder ein Glaubenssystem, vorchristliche oder nicht-westliche Werte. Zur Illustration schreibt etwa Marie-Angèle Hermitte: »Peter Wohlleben identifiziert sich mit den Buchen seines Waldes, nicht mit den Eichen: Hier ist der Totemismus nicht mehr weit.«[412]

[412] Marie-Angèle Hermitte, »Artificialisation de la nature et droit(s) du

Bereits in der Einleitung wurde ein »Hintergedanke«, wie es Pascal ausdrückt, bei den Autoren angesprochen, die Pflanzen als trojanisches Pferd einsetzen, um die Relevanz von Fragen bezüglich der Bedingungen der Haltung und Tötung von Tieren abzuwehren. Die Behauptung einer Gleichheit des Leidens von Säugetieren und Pflanzen, die weder Peter Wohlleben scheut – »Ob ein Wolf ein Wildschwein reißt oder ein Hirsch einen Eichensämling abfrisst, in beiden Fällen kommt es zu Schmerz und Tod« – noch Dominique Lestel, dem zufolge es nicht »ethischer ist, eine Karotte leiden zu lassen als einen Hasen«[413], hat sich in den Gehirnen weit verbreitet, um nicht zu sagen durchgesetzt, wobei diese Behauptung aber eine Glaubenssache ist, eine zweifelhafte Schlussfolgerung, jedenfalls keine untermauerte Erkenntnis.

Zu bemerkenswert, um es nicht erneut zu betonen, ist Folgendes: Das Argument des Pflanzenleids wird immer in Diskussionen um das Leid angeführt, das wir Tieren zufügen. Sein Einsatz ist defensiv. Es zielt darauf ab, die Diskussion vom Tisch zu wischen, indem ein Urteil aufgeschoben wird und jede Gewissheit verlorengeht. Nun ist einerseits das Tierleid nicht nur etwas, das wir erleben, sondern es ist zudem von Physiologie und Psychologie erwiesen; andererseits beruht das der Pflanzen auf keinerlei Erfahrung, die wir von etwas Derartigem hätten, und ist nicht von der Biologie erwiesen – außer, man nimmt die elementarste Verständnisebene in ihrer breitesten Ausdehnung und mit dem geringsten Verständnisgewinn ein, die der Reaktion jeder lebendigen Einheit, und wäre es nur eine Zelle, auf einen Reiz. Es ist nur zu deutlich, dass das Ziel dieses Arguments darin besteht, eine Reflexion über die Gewalt gegenüber

---

vivant«, in Philippe Descola (Hg.), *Les Natures en question,* op. cit., S. 273.

413 Vgl. FN 8 und 9 in der Einleitung.

Tieren zu vermeiden, die durch das Recht gesetzt wird, indem die Aufmerksamkeit auf etwas anderes gelenkt wird.

Das angebliche Pflanzenleid ist ein neuer Einwand gegen die Sache der Tiere, viele stellen das fest. Der Erfolg von Peter Wohlleben ebbt nicht ab, und dieser Erfolg erklärt sich meiner Meinung nach aus der Funktion, die seine »Botschaft« erfüllt. Denn das Kollektiv verdankt ihm einen unverhofften Ausweg, nun, da die »Frage der Tiere« begonnen hatte, es auf eine Art und Weise zu quälen, die Jacques Derrida beschrieben hat: »Diese industrielle, wissenschaftliche, technische Gewalt dürfte weder de facto noch de jure noch allzu lange ertragen werden können. Sie wird sich mehr und mehr als diskreditiert erweisen. Die Bezüge zwischen den Menschen und den Tieren werden sich ändern *müssen*. Sie werden es *müssen* im doppelten Sinne dieses Ausdrucks, im Sinne der ›ontologischen‹ Notwendigkeit und der ›ethischen‹ Pflicht.«[414] Gegen diese Beunruhigung und diese Pflicht, die sich aufzudrängen scheint, hören wir, was Wohlleben zu sagen hat: »Wenn die Brennholzscheite lustig im Ofen knacken, dann ist es der Kadaver einer Buche oder Eiche, der da gerade Feuer fängt. Oder das Papier dieses Buchs, das Sie jetzt in der Hand haben: Es besteht aus geraspelten, eigens hierfür gefällten (und damit getöteten) Fichten und Birken. Klingt das übertrieben? Ich finde nicht. [...] Wir nutzen lebende Wesen, die für unsere Zwecke getötet werden, da gibt es nichts zu beschönigen. *Andererseits stellt sich die Frage, ob unser Handeln tatsächlich verwerflich ist.* Wir sind schließlich ebenfalls Bestandteil der Natur und vom Körperbau her so angelegt, dass wir nur mithilfe der organischen Substanz anderer Arten überleben können. [A]nalog zur Tiernutzung [müssen wir Bäumen] unnötige Leiden ersparen. [...] Und das

---

[414] Jacques Derrida, Elisabeth Roudinesco, *Woraus wird Morgen gemacht sein? Ein Dialog*. Aus dem Französischen von Hans-Dieter Gondek. Stuttgart: Klett-Cotta, 2006, S. 112.

heißt, dass sie ihre sozialen Bedürfnisse ausleben können [...] und ihr Wissen an die nächsten Generationen weitergeben können. Zumindest ein Teil von ihnen sollte in Würde alt werden dürfen und schließlich eines natürlichen Todes sterben.«[415] Die Unmöglichkeit, Pflanzen vor unseren zerstörerischen Taten zu schützen – bilden sie nicht die Nahrungsgrundlage der meisten Lebewesen? – *obwohl sie doch empfindungsfähig und intelligent sind,* entspräche einer angeblichen Unmöglichkeit, nämlich auf den Fleischgenuss massenhaft geschlachteter Tiere zu verzichten, *die ebenfalls empfindungsfähig und intelligent sind.* Peter Wohlleben bietet hier den Diskurs an, den so viele Menschen erwarten, der ihnen die Absolution erteilt, sie beruhigt, sie entlastet; jenen, der resignieren lässt. Dieser Diskurs fordert dazu auf, sich von der Last der Schuld und der Verantwortung in unseren Beziehungen zu Tieren zu befreien, *und diese Erleichterung ist unbezahlbar.* Alle, die heute einen Diskurs führen, der auf eine derartige Exkulpation abzielt, haben großen Erfolg in der Öffentlichkeit, ganz gleich, wie theoretisch schwach ihr Diskurs oder wie niedrig ihr Informationsstand ist. Wir sind bereit, jede Geschichte zu akzeptieren, wie unbegründet sie auch sein mag, solange sie uns ermöglicht, uns einzureden, dass unsere Opfer das aus Notwendigkeit sind und ihr Schicksal letztlich nicht so schlimm ist, denn die Misshandlungen und die Schlachtung, die sie erleiden, »ergeben für das Kollektiv Sinn«. Glaubt Peter Wohlleben wirklich, dass Tiere vor »unnützem Leid« geschützt sind, und weiß er, was das Gesetz darunter versteht? Er wünscht jedenfalls den Bäumen, zumindest einem Teil von ihnen, ein »Altern in Würde« und einen natürlichen Tod – den er Tieren nicht wünscht, nicht einmal einem Teil von ihnen. Führt die pflanzliche Ethik an diesen Punkt?

---

[415] Peter Wohlleben, *Das geheime Leben der Bäume,* op. cit., S. 216.

Die Frage der Möglichkeit eines Pflanzenleids ist bereits seit ungefähr einem Jahrzehnt Arbeitsthema der Eidgenössischen Ethikkommission für die Biotechnologie im Ausserhumanbereich (EKHA). Ihr Bericht von etwa zwanzig Seiten wurde unter dem Titel »Die Würde der Kreatur bei Pflanzen. Die moralische Berücksichtigung von Pflanzen um ihrer selbst willen« publiziert. Diese Arbeit wurde von der Einführung des Begriffs der »Würde der Kreatur« in die eidgenössische Verfassung 1992 angestoßen, die sich auf verfassungsrechtlicher Ebene »auf *den Wert des individuellen Lebewesens um seiner selbst willen*«[416] bezieht. Der Begriff der Würde zusammen mit dem des Selbstzwecks (selbst sein eigener Zweck zu sein und damit nicht der eines anderen zu werden) hebt die Diskussion von vorneherein auf eine gleichzeitig metaphysische und moralische Ebene; wir sind weit von einer Untersuchung eindeutiger Kriterien entfernt, die sich auf die Entdeckung von »nozizeptiven Reizen« stützen würde.

Auf pragmatischer Ebene geht es allerdings darum, die Frage des Pflanzenschutzes zu entscheiden: Sind sie zu schützen, und wenn ja, aus welchem Grund? Ausgehend von der Feststellung, dass wir hinsichtlich ihrer Verwendung keine oder kaum moralische Eingebungen haben und daher ein breiter Konsens darüber herrscht, dass Pflanzen nicht die notwendigen Kriterien erfüllen, um der Moralgemeinschaft anzugehören, nimmt die Kommission mehrheitlich einen biozentrischen Standpunkt ein, allerdings einen schwachen Biozentrismus. Denn es wird anerkannt, dass die Tatsache, dass ein Organismus *lebt,* nicht ausreicht, ihm starke Rechte zu verleihen. Die pathozentrische Position, die sich auf die Gewissheit stützt, dass Pflanzen empfindungsfähig sind und eigene Interessen haben, wird zudem

[416] Eidgenössische Ethikkommission für die Biotechnologie im Ausserhumanbereich, *Die Würde der Kreatur bei Pflanzen. Die moralische Berücksichtigung von Pflanzen um ihrer selbst willen.* Bern, 2008, S. 3.

nur von einer »kleinen Gruppe« der Kommissionsmitglieder (Botaniker oder botanikaffin) geteilt.[417] Die Mehrheit räumt ein, dass »[b]ei Pflanzen [...] klare Indizien [fehlen], die auf irgendeine Form des inneren Erlebens hinweisen. Für uns (und gemäss unserer Überzeugung für die im Tierschutzgesetz geschützten Tiere) ist das innere Erleben mit einer Art von Bewusstsein verknüpft. Bei Pflanzen verfügen wir über keine Indizien, dass sie über ein solches Bewusstsein verfügen.«[418] Diese Zeilen zeigen deutlich, dass ein Teil der Mitglieder dieser Kommission sich der Tatsache völlig bewusst ist, dass Leid nicht gleich Reaktion auf Reize ist; dass Leid eine gelebte und damit bewusste Erfahrung ist. Aber *nichts erlaubt es, die These zu vertreten, dass Pflanzen ein bewusstes Erleben besitzen.*

Was sind nun die Schlussfolgerungen der Kommission am Ende ihrer Diskussionen? Jenseits der Unterschiedlichkeit der Positionen ihrer Mitglieder wird ein Satz gemeinsam beschlossen: Mutwillige Schädigung wird als moralisch verwerflich festgehalten. Doch dem Leser bleibt unklar, auf welcher Grundlage diese Position vertreten wird. Die Mehrheit urteilt, dass die Nutzbarmachung von Pflanzen moralisch gerechtfertigt werden muss, dass Pflanzen sich »dem absoluten Eigentumsbegriff verschließen«, dass also »[n]iemand [...] nach völlig freiem Belieben mit Pflanzen umgehen«[419] darf. Wäre es nicht notwendig gewesen zu erklären, was der Umgang mit Pflanzen »nach völlig freiem Belieben« ist? Das Anlegen eines Küchengartens, das Jäten, das seine Pflege begleitet, Rasenmähen, die Anlage eines »französischen« Gartens, die vegetarische Ernährung – sind sie verurteilenswerte Taten? Pflanzen, pflegen, ausreißen und essen stellen de facto ein absolutes Eigentumsrecht dar. Der letzte Punkt der Schlussfolgerungen des Berichts stellt aller-

---

417 Ebenda, S. 14.
418 Ebenda, S. 15.
419 Ebenda, S. 20.

dings fest: »Jede Handlung mit und gegenüber Pflanzen, die der Selbsterhaltung von Menschen dient, ist [...] moralisch gerechtfertigt, soweit sie den Prinzipien der Verhältnismässigkeit und der Vorsorge folgt.«[420] Seltsamerweise wird im französischen Text derselben Kommission die Selbsterhaltung der menschlichen *Spezies* genannt, nicht jene von Einzelnen. Da andere Lebewesen, die sich von Pflanzen ernähren, nicht erwähnt werden, kann man annehmen, dass dies einerseits aus einem Tribut an ihre Bedürfnisse erfolgt, und andererseits, weil sie nicht in die Programme von Zerstörung, Verschmutzung und genetischer Veränderung verstrickt sind, die nur menschliches Wissen und menschliche Macht ins Werk setzen.

Zuvor haben wir einen der Artikel der »Erklärung der Rechte der Bäume« zitiert. Was besagen die anderen? Der Begriff des Leidens fehlt jedenfalls. Die »grundlegende Rolle« des Baumes im allgemeinen ökologischen Gleichgewicht wird erwähnt; seine Empfindlichkeit gegenüber Veränderungen seiner Umwelt ebenso (hier geht es also nicht um Empfindungsfähigkeit als solche, sondern um die Tatsache, dass Umweltbedingungen positive oder schädliche Auswirkungen auf Bäume haben); diese beiden Aspekte bewegen die Autoren des Textes dazu, ein »Recht« des Baumes auf den Luft- und Bodenraum zu fordern, den er benötigt, um sich voll zu entwickeln, oder auch ein »Recht auf die Respektierung seiner physischen Integrität«. Der vierte Artikel tendiert eher dazu, Bäume mit historisch aufgeladenen Denkmälern zu vergleichen als mit empfindungsfähigen Wesen, wenn Bäume, »die von den Menschen wegen ihres Alters, ihres Aussehens oder ihrer Geschichte als besonders angesehen werden, zusätzliche Aufmerksamkeit verdienen.« Diese Aufladung verleiht ihnen einen »höheren Status«, der die menschlichen Gesellschaften dazu verpflichtet, sie »als

---

420 Ebenda.

›Naturdenkmäler‹ zu schützen«. Der letzte Artikel gesteht zu, dass »gewisse Bäume«, die zur Nutzung gepflanzt worden sind, nicht von den in den vier vorhergehenden Artikeln genannten Rechten erfasst sind. Es wird gefordert, dass ihre Nutzung den »Lebenszyklen« Rechnung trägt und die Möglichkeit zur Erneuerung schont, und damit geht der Artikel vom Baum als Individuum zu einer Betrachtung des Baumes als Teil eines Kollektivs über. Der Text macht deutlich, wie enorm schwierig es ist, den Status der Bäume zu klären, der sich zwischen steinernen Denkmälern, blinden und stummen Zeugen der Geschichte und Wesen ansiedelt, die reagieren und sich gegen Bedrohungen wehren wie jede lebende Einheit.

Conclusio

Unsere Untersuchung des pflanzlichen Lebens hat mit den epistemologischen Fragen begonnen. Ein Blick auf die Verfasstheit der Botanik, eine beschreibende und klassifizierende Disziplin, und weiter auf die pflanzliche Physiologie hat uns ermöglicht, eine Reflexion über die Analogie zwischen dem Pflanzlichen und dem Tierischen anzustellen, zu der der menschliche Geist sich aufgrund einer angeborenen Neigung hinreißen hat lassen. Obwohl die Bevorzugung des Pflanzenmodells das Verständnis des tierischen Lebens vereinfacht und letztlich das Wissen darum in die Irre geführt hat, hat die folgende Entscheidung für das Tiermodell zur Erklärung der Funktionen des pflanzlichen Lebens diese mit ungeeigneten Begrifflichkeiten belastet. Damit entstand für uns ein enormes epistemologisches Problem, das über den vorliegenden Fall hinausgeht, nämlich die Unterscheidung zwischen Schein und Wirklichkeit: Pflanzen werden häufig im Modus des »Als-Ob« beschrieben – es ist, als ob sie ein Gehirn hätten oder Augen, als ob sie Absichten hätten, u.s.w. Wir verdanken Schopenhauer eine Kritik der Analogie, die zu den ersten Irrwegen führte und, wiederbelebt, die Verwirrung vermehrt, die sich erneut zeigt. Scheinbar ähnliche Erscheinungen sind hinsichtlich ihrer Ursachen getrennt zu behandeln, die im Pflanzenreich und im Tierreich unterschiedlich sind.

Gewagter als die Analogie, die aus *a priori*-Verständnisstrukturen hervorgehen würde und damit transzendentaler Natur wäre, begegnet uns die Homologie zwischen Pflanzen und Tieren, insbesondere im Hinblick auf die Empfindungsfähigkeit, mit deren Definition wir uns beschäftigt haben, um zu verstehen, warum sie den Pflanzen von unterschiedlichen Wissenschaftlern zugeschrieben wird. Die Grundlage dieser Verallgemeinerung beruht auf einer reduktionistischen Annäherung an dieses Phänomen, das in Wahrheit notwendig mit dem psychischen Leben verknüpft ist. Indem wir uns in Canguilhems Begrifflichkeit auf die Ebene der »Grammatik des Lebens« begeben haben, haben wir die Reflexion darüber vertieft, was die Beobachtung der empirischen Kriterien liefert. Über seine Gesamtanalyse der unterschiedlichen Arten von Positionalität verdeutlicht Plessner die ontologische Unterscheidung, die Tier- und Pflanzenreich trennt, indem er zeigt, dass die Empirik allein die Trennlinie zwischen ihnen nicht liefern kann. Denn es gibt neben ausgeformten Zuständen immer Zwischenstadien, sodass es praktisch unmöglich ist, eine Eigenschaft zu finden, die nur dem Tier oder nur der Pflanze vorbehalten wäre. Auch wird man, indem man sich auf empirische Kriterien stützt, vor allem, wenn man sie einzeln nimmt, die Essenz des jeweiligen Reiches nicht erfassen können, die in der Tat die Bipolarität der organischen Welt ausmacht. Was die Anthropomorphisierung der Pflanzen betrifft, fiel es nicht schwer zu zeigen, dass es sich sehr viel eher um ein Symptom handelt, das es zu analysieren gilt, als um das Ergebnis von wissenschaftlicher Arbeit. Ihr einziger – indirekter – Verdienst besteht darin, uns erneut über die Möglichkeitsbedingungen der Erkenntnis eines Gegenstands nachdenken zu lassen. Wenn das pflanzliche Leben, weit davon entfernt, durch seine Zoomorphisierung oder Anthropomorphisierung verständlich zu werden, der These von Francis Hallé zufolge die »radikale Alterität« ist, müssen wir uns fragen, bis zu welchem Punkt und in welchem Sinne wir behaupten können, es zu kennen.

Wir schulden Hegel die ontologische Trennung zwischen pflanzlichem und tierischem Organismus. Aufgrund einer vergleichenden Analyse kommt der spontanen Bewegung und der Notwendigkeit für Tiere, sich dem Unbekannten zu stellen, eine entscheidende Rolle zu – eine entscheidende Rolle in der Herausformung einer Subjektivität für sich und nicht nur an sich.

In dieses hegelianischen Kielwasser, ob er nun explizit genannt wird oder nicht, schreiben sich die letzten Entwicklungen von Phänomenologie und philosophischer Anthropologie ein. Diese erweisen sich als besonders wertvoll, um die Ungenauigkeiten oder epistemologischen Verwirrungen wie die ontologischen Äquivalenzen zwischen Pflanzen und Tieren zu zerstreuen, die manche Autoren vertreten oder verbreiten. Denn weit davon entfernt, sich an pflanzlichen Reaktionen festzumachen, die als mit existentiellen Bedeutungen aufgeladene Reaktionen gelesen werden, ermittelt die phänomenologische Erfassung der Seinsweisen von Pflanzen und Tieren eben die grundlegenden Unterschiede. Und letztlich weist alles darauf hin, dass das Leben der Pflanzen nicht das Lebendig-Sein von Tieren oder Menschen ist (jeweils hinsichtlich der Modalitäten, die ihnen eigen sind), da das Lebendig-Sein *das gelebte Leben eines sterblichen Lebewesens* ist. Die potentielle Unsterblichkeit von Bäumen, das unerschöpfliche Wiedererstehen von Pflanzen aus den Samen, die sie selbst hervorbringen, ihre Wiedergeburt also, die Tatsache ihrer Perennität, ihre Teilung, die andere Pflanzen hervorbringt, ihre Gleichgültigkeit, die so weit vom sorgenvollen Leben von Wesen aus Fleisch und Blut entfernt ist, deren Leben ein gewähltes Verhältnis aus Vorlieben und Abneigungen, Wünschen und Ängsten ist, bilden zwei *völlig gegensätzliche* Seinsweisen. Unweigerlich wird die doch grundlegende Frage für ein Verständnis des grundlegenden Wesens einer Seinsweise stillschweigend übergangen, oder vielmehr ignoriert – *diejenige der Erfahrungsdimension, des Gelebten* – eines bewussten Lebens. Das Leben der Pflanzen kennt die Abgründe des psychischen Lebens nicht, das wir im Freud'schen Sinne verstehen, also eines psychischen Lebens mit einem Unbewussten, der Möglichkeit einer Auflösung seiner Struktur und damit eines psychischen Leidens. Das pflanzliche Leben ist ekstatisch, ein Leben, *das nicht auf sich selbst zurückkommt,* wie Scheler schreibt.

Und diese Beschreibung, die hier in negativen Begriffen formuliert ist, ist auch als möglicher Weg in Richtung einer authentischeren Analyse des pflanzlichen Lebens zu verstehen als jene, die darin die Züge des tierischen Lebens sucht. So haben wir im zweiten Teil die Dimensionen des Seins erkundet, die ineinandergreifen (da eine Seinsweise nur als die Gesamtheit zu denken ist, die sie ist), etwa die individuierte Existenz, die raumhafte Bewegung, die Verhaltensfreiheit, die gelebte Zeit.

Die Herausarbeitung der radikalen Differenz zwischen zwei Seinsweisen, einerseits der Pflanzen, anderseits der Tiere, erlaubte es, die Frage des moralischen Umgangs mit Pflanzen und der Art von Rechten anzusprechen, die manche ihnen verleihen wollen (um eben die menschliche Umwelt zu schützen). Es ist nicht einfach, Pflanzenrechte ausgehend von der Art von Wesen zu begründen, die sie sind: Wesen, die, wie Joel Feinberg zeigt, keine Wünsche, keinen Glauben und damit kein Eigeninteresse haben; und es ist noch weniger leicht, eine Ethik anzusetzen, die »alle Lebensformen« respektiert. Indem man zu viel umfassen will, läuft man Gefahr, gar nichts zu erfassen. Die Umweltethiken in ihren biozentrischen und ökozentrischen Aspekten haben seit Mitte der 1970er-Jahre Vorschläge gemacht und Themen aufgeworfen. Doch jenseits dieses Argumentationsapparats, der darauf abzielt, den Konzeptionen des Anthropozentrismus jene des intrinsischen Werts »natürlicher Einheiten« gegenüberzustellen, sollte dem Gefühl des Abscheus Raum gegeben werden, das Claude Lévi-Strauss ebenso wie Francis Hallé beim Anblick der Rodung von Bäumen geltend machen. Vielleicht etwas überzeugender – wenn auch teils vage – als der unmögliche Beweis, dass Pflanzen sich für ihr eigenes Schicksal interessieren, empfindungsfähig und intelligent sind, skizziert das Gefühl des Abscheus, das wir angesichts verstümmelter und vergifteter Schönheit empfinden, vielleicht eine Richtschnur. Das Gefühl des Abscheus wäre bereits ein

Moralgefühl. Dieses Gefühl könnte umso wertvoller sein, wenn es die Tötung von Wesen aus Fleisch und Blut nicht mit der Abholzung von Pflanzen vermischt, insofern als, wie immer wieder angemerkt wurde, diejenigen, die der Verteidigung des pflanzlichen Lebens oder breiter gefasst von »natürlichen Einheiten« (Flüssen, Bergen) Priorität einräumen, gegenüber dem Schicksal der Tiere eine seltsame Indifferenz zeigen, als würde die »Liebe zur Natur« diese aus unerfindlichen Gründen fast automatisch nach sich ziehen. Denken wir an Aldo Leopold[421], Jäger und Wildhüter in Wisconsin.

Leben (das von einem sterblichen Lebewesen gelebte Leben), das die »Vegetalisten« so verunglimpfen, ist das unsere – das Leben von endlichen Individuen, die nur einmal geboren werden und sterben, im Innersten von den Erfahrungen betroffen sind, die ihre Biographie formen, als dauerhafte Einheit in der Zeit existieren, und sich schließlich in einem bestimmten Stil und spontan verhalten. In allen diesen Eigenschaften *sind sie keine Naturwesen* – sie sind nicht gänzlich von »Naturgesetzen« determiniert, die zwar offensichtlich auf der Zell- oder Molekularebene ins Gewicht fallen, aber nur das erste Wort eines psycho-physischen Organismus ausmachen. Die Reflexivität des Lebendig-Seins ist ein absolut singuläres Kriterium, dem noch das Spiel des Symbolischen hinzuzufügen ist, da diese Reflexivität die Nicht-Koinzidenz des Seins mit sich selbst nach sich zieht und damit den Raum des Symbolischen eröffnet. Nein, sich zu weigern, die Beziehungen zwischen empfindungsfähigen Individuen und deren Beziehungen zu Flüssen, in denen sie schwimmen oder gerne baden, Bergen, die sie besteigen, Wildkräutern, die sie grasen, Kulturpflanzen, von denen sie sich ernähren und die sich erneuern, ist keine ethische Kurzsichtigkeit – weil der Same stirbt, um wiedergeboren zu werden. Nein,

---

[421] Siehe FN 4, »Die blinde Großzügigkeit des Biozentrismus und ihre Folgen«, S. 146.

die Philosophie der Pflanzen mahnt uns nicht zu einem moralischen Phytozentrismus, also zur Abschaffung der moralischen Rechte, die an psychisch-empfindungsfähige Individualitäten geknüpft sind.

Jenseits der Erklärungen, die wir zuvor zur Diskussion gestellt haben, um die Gründe für den Erfolg der Thesen eines Mancuso oder eines Wohlleben zu erhellen, bleibt uns noch zu verstehen, warum es so leicht ist, Reizresponse als bewusste Reaktionen zu verstehen, reflexartige Reaktionen als spontanes und intentionales Verhalten usw. Was geht in dieser epistemologischen und folglich ontologischen Gleichsetzung verloren?

Es scheint einigermaßen klar, dass wir es hier mit einer der Auswirkungen der Faszination zu tun haben, die das eindeutige Erklärungsmodell ausmacht, das Programmen der künstlichen Intelligenz zugrunde liegt. Empirische Ähnlichkeiten liefern jedoch nur eine scheinbare Identität zwischen den Existenzmodi, die in diesem Fall betrachtet werden (jenen der Maschine und jenen des Gehirns); die Unterschiede, die sie trennen, sind nicht graduell, sondern grundsätzlich. Wenn in der Tat in der Kette des Lebendigen eine Kontinuität besteht, wenn es unmöglich ist, eindeutige Schnitte auszumachen, gilt diese Feststellung *nur unter der Bedingung,* diese elementarste und damit am breitesten geteilte Ebene nicht zu verlassen, und unter der Bedingung, die Bruchstellen von Spontaneität, Freiheit, Affektivem für eine vernachlässigbare Größe zu halten – kurz, all das, was sich der Quantifizierung und Gleichsetzung entzieht.

Denn alles wird komplizierter, sobald wir gezwungen sind zuzugeben, dass die Aufdeckung von kognitiven Mechanismen die Tiefe des psychischen Lebens nicht ausschöpft, dieses »imaginären Ortes, an dem jedes Individuum sein Denken, sein Sprechen und seine Handlungen entwickelt [...] sich als Subjekt seiner Erfahrung konstituiert«, dieses psychische Leben, das in seinem unbewussten Anteil keine Syntax und Verneinung kennt und deshalb »irrational und rätselhaft«[422] ist. Mit Freud und Henri Ey,[423] aber gegen Lacan, verteidigen wir die Existenz eines psychischen Apparats bei einer großen Zahl von tierischen Spezies, insbesondere den Säugetieren, zu denen wir Beziehungen pflegen, die wahrscheinlich wegen dieser psychischen Verwandtschaft gelegentlich eng sind. Die Phänomenologen, Husserl und Merleau-Ponty, und in ihrer Folge Frederik Buytendijk, gestehen zumindest den sogenannten höheren Tieren (Säugetieren und Vögeln) ein bewusstes, einzigartiges und eigenständiges Leben zu, da es von jedem Individuum gelebt wird. Aktuelle Studien[424] laufen darauf hinaus, in diesen Kreis der Wesen mit bewusstem Leben nicht nur Kopffüßler, sondern auch Fische aufzunehmen. Die mit einem Apparat ausgestattete Psyche kann sich auch auflösen.[425] Psychisches Leid ist jedem einzelnen eigen und ist insofern einzigartig, als es sich verbirgt, wieder an die Oberfläche dringt, sich im gesamten Sein ausbreitet oder den Weg des Symptoms nimmt. Dieses Leiden, das sich in jedem psycho-physischen Organismus der Verortung entzieht, ist nicht deckungsgleich mit den Reaktionen anderer Lebensformen, die alle auf Angriffe reagieren. Nicht, weil wir mit solchen Spezies Beziehungen pflegen, haben sie ein psychi-

---

422 Robert Viry, »Le fonctionnement psychique et ses dérèglements«, in: André Cuvelier (Hg.), *Psychisme et intelligence artificielle.* Nancy: Presses universitaires de Nancy, 1992, S. 95-96.

423 Henri Ey, »Le concept de ›psychiatrie animale‹ (difficultés et intérêt de sa problématique)«, in Abel-Justin Brion und Henry Ey, *Psychiatrie animale,* op. cit., S. 11-40.

424 Siehe den von Pierre Le Neindre, Muriel Dunier, Raphaël Larrère und Patrick Prunet herausgegebenen Überblick, *La Conscience des animaux*. Versailles: Quæ, 2018.

425 Frederik Buytendijk, »Les catégories fondamentales de l'organisation et de la désorganisation de l'existence animale«, S. 113-120, und Georges Lanteri-Laura, »La ›psychiatrie animale‹ et les troubles du comportement chez les animaux«, S. 121-134, in Abel-Justin Brion und Henri Ey (Hg.), *Psychiatrie animale,* op. cit.

sches Leben (obschon diese Beziehungen in ihren und unseren Leben etwas Neues schaffen) – wir können die Freud'sche Hypothese mit Fug und Recht auf die Gesamtheit der wilden Säugetiere ausdehnen.

Wo ist bezüglich der so unterschiedlichen Lebensformen, die Erde, Luft und Wasser bevölkern, die eine klare und strenge Trennlinie zwischen psychischem Leben bzw. psychischem Apparat und dem Leben ohne jeden bewussten Zustand zu ziehen? Bergson betont, wie wir gesehen haben, dass es gefährlich ist, eine Entsprechung zwischen dem bewussten Leben und einer biologischen Verfassung anzunehmen. Es ist ja bekannt, wie wenig abgesichert die Annahme ist, dass ein Mensch, der in ein – auch tiefes – Koma gefallen ist, keinerlei bewusstes Leben mehr hat.[426] Ein solches ist übrigens nie eine Sache von alles oder nichts wie eine greifbare, messbare, sichtbare Substanz, die da ist oder nicht. Besteht es nicht im Wesentlichen aus Regionen, von denen einige hell erleuchtet sind und bereits aus ihnen entsprechenden Worten bestehen, die nur ausgesprochen werden müssen, während andere – in Wahrheit die meisten – grau, wolkenverhangen, verlagert, flüchtig sind und aus vagen Eindrücken oder Bildern bestehen? Das Bewusstsein ist die bewegliche Überlagerung aller dieser Momente, die kaum abgegrenzt sind und niemals feststehen. Die Sache eignet sich schon aufgrund ihres Wesens nicht gut dazu, vermessen zu werden.

Weil wir es mit einer gelebten Innerlichkeit zu tun haben, können wir wahrscheinlich nicht-individuierte Formen und unsterbliche Wesen vom bewussten Leben ausschließen – und damit die Pflanzen. Besitzen sie damit keinen Reichtum, haben sie keine Strategien, lassen sie uns deshalb gleichgültig? Wir haben diese Fragen bereits teilweise beantwortet und können

---

426 Vgl. Michel Bitbol, *La conscience a-t-elle une origine? Des neurosciences à la pleine conscience: une nouvelle approche de l'esprit*. Paris: Flammarion, »Bibliothèque des savoirs«, 2014.

betonen, dass die unerschöpfliche Mannigfaltigkeit der Pflanzen, die Schönheit der kleinsten Wildblume am Straßenrand, die Magie, die einem trockenen Samen innewohnt, das Bild eines stillen Lebens bieten, das nicht stirbt. Daraus erklärt sich vielleicht, neben anderen Gründen, die am Ende dieser Untersuchung angesprochen wurden, das gleichzeitig aktuelle und unzeitgemäße Interesse an Bäumen, den fetischisierten Ebenbildern einer fest verwurzelten Majestät. Manche scheinen besonders ein reines pflanzliches Leben ohne jegliches Tierleben zu schätzen, denn die Naturschützer wollen eben die Bäume und nicht ihre Bewohner schützen. Die radikale Alterität des pflanzlichen Lebens, seine Verwurzelung – sein Da-Sein im wörtlichen Sinne –, seine Üppigkeit, der Fantasiereichtum seiner Motive, seine Unbewegtheit und sein Schweigen bilden den Kontrapunkt zum Leben der sterblichen Wesen aus Fleisch und Blut. Dieses Leben, das nur stirbt, um wiedergeboren zu werden, ist alles andere als eine Tragödie.

Bibliographie

Aristoteles, *Über die Seele.* Übersetzt und mit einer Einleitung versehen von Klaus Corcilius. Hamburg: Meiner, Philosophische Bibliothek 681, 2017.

Armengaud, Françoise, *Réflexions sur la condition faite aux animaux.* Paris: Kimé, 2011.

Arpin, Isabelle, »Entre faire vivre et faire mourir. La pluralité des traitements des animaux dans les espaces protégés français«, *Revue semestrielle de droit animalier,* Vol. 1, 2016.

Bachelard, Gaston, *L'Air et les Songes. Essai sur l'imagination du mouvement.* Paris: Corti, 1987.

Barbaras, Renaud, *Vie et intentionnalité. Recherches phénoménologiques.* Paris: Vrin, »Problèmes & controverses«, 2003.

Barbaras, Renaud, *Le Désir et la Distance. Introduction à une phénoménologie de la perception.* Paris: Vrin, »Problèmes & controverses«, 2006.

Barbaras, Renaud, *Introduction à une phénoménologie de la vie.* Paris: Vrin, »Problèmes et controverses«, 2008.

Barbaras, Renaud, *Dynamique de la manifestation.* Paris: Vrin, »Problèmes & controverses«, 2013.

Barrau, Jacques, »L'homme et le végétal«, in Jean Poirier (Hg.), *Histoire des mœurs,* Bd. 1. Paris: Gallimard, »Bibliothèque de la Pléiade«, 1990, S. 1279-1306.

Beau, Rémi, »Ecocentrisme«, in: Dominique Bourg und Alain Papaux (Hg.), *Dictionnaire de la pensée écologique.* Paris: PUF, »Quadrige«, 2015, S. 307-309.

Berger, Benjamin, »La vie comme manifestation chez Raymond Ruyer et Adolf Portmann«, in: Florence Burgat und Cristian Ciocan, *Phénoménologie de la vie animale.* Bukarest: Zeta Books, 2016, S. 21-46.

Bergson, Henri, *Schöpferische Evolution.* Aus dem Französischen von Margarethe Drewsen. Hamburg: Meiner, 2013.

Berleant, Arnold, »The Aesthetics of Art and Nature«, in Salim Kemal und Ivan Gaskell (Hg.), *Landscape, Natural Beauty and the Arts.* Cambridge: Cambridge University Press, 1993.

Bimbenet, Étienne, *Le Complexe des trois singes. Essai sur l'animalité humaine.* Paris: Seuil, »L'ordre philosophique«, 2017.

Bitbol, Michel, *La conscience a-t-elle une origine? Des neurosciences à la pleine conscience: une nouvelle approche de l'esprit*. Paris: Flammarion, »Bibliothèque des savoirs«, 2014.

Bodeau, Olivier, Catherine Lenne und Bruno Moulia, »Percevoir et bouger: les plantes aussi !«, *Pour la science* 348, April 2014, S. 40-47.

Bodeau, Olivier, Catherine Lenne und Bruno Moulia, »Et pourtant elles bougent!«, *Pour la science. Hors-série,* November–Dezember 2018, S. 17-23.

Bonnardel, Yves, »Quelques réflexions concernant les plantes«, in Yves Bonnardel, Thomas Lepeltier, Pierre Sigler (Hg.), *La Révolution antispéciste*. Paris: PUF, 2018.

Brion, Abel-Justin und Henri Ey (Hg.), *Psychiatrie animale*. Paris: Desclée de Brouwer, »Bibliothèque de neuro-psychiatrique de langue française«, 1964.

Brunet, Pierre, »Les droits de la nature et la personnalité juridique des entités naturelles en Nouvelle-Zélande: un commun qui s'ignore?«, *Giornale di Storia costituzionale,* Nr. 38, Bd. 2, 2019, S. 39–53.

Burgat, Florence, *Liberté et inquiétude de la vie animale,* Paris: Kimé, 2006.

Burgat, Florence, *Une autre existence. La condition animale,* Paris: Albin Michel, »Bibliothèque idées«, 2012.

Burgat, Florence, *L'Humanité carnivore*. Paris: Seuil, 2017.

Buytendijk, Frederik, *Traité de psychologie animale,* übersetzt von Albert Frank-Duquesne. Paris: PUF, 1952.

Buytendijk, Frederik, *Mensch und Tier. Ein Beitrag zur vergleichenden Psychologie*. Hamburg: Rowohlt, 1958.

Frederik, Buytendijk, »Les catégories fondamentales de l'organisation et de la désorganisation de l'existence animale«, in: Abel-Justin Brion und Henri Ey (Hg.), *Psychiatrie animale*. Paris: Desclée de Brouwer, »Bibliothèque de neuro-psychiatrique de langue française«, 1964, S. 113-120.

Calicott, John Baird, *In Defense of Land Ethic. Essays in Environmental Philosophy*. New York: Suny Press, 1989.

de Candolle, Augustin-Pyrame, *Théorie élémentaire de la botanique*. Paris: Déterville, 1813.

Canguilhem, Georges, *Études d'histoire et de philosophie des sciences concernant les vivants et la vie*. Paris: Vrin, 2002.

Canguilhem, Georges, *Die Erkenntnis des Lebens.* Aus dem Französischen von Till Bardoux, Maria Muhle und Francesca Raimondi. Berlin: August Verlag, 2009.

Canguilhem, Georges, »Das Problem der Regulation im Organismus und in der Gesellschaft«, in ders., *Schriften zur Medizin.* Mit einem Nachwort von Michael Hanger. Zürich/Berlin: diaphanes, 2013.

Canguilhem, Georges, *Regulation und Leben.* Aus dem Französischen von Thomas Ebke. Berlin: August Verlag, 2017.

Claverie, Jean-Marie, »Soi et non-soi: un point de vue immunologique, in: Bernard, Jean, Marcel Bessis und Claude Debru (Hg.), *Soi et non-soi.* Paris: Seuil, 1990.

Coccia, Emanuele, *La Vie des plantes. Une métaphysique du mélange.* Paris: Bibliothèque Rivages, 2016.

Cuvier, Georges, *Histoire des progrès des sciences naturelles depuis 1789 jusqu'à ce jour.* Brüssel: Baudouin frères, 1826 (Bd. I) und 1838 (Bd. II).

Dausset, Jean, »La définition biologique du soi«, in: Bernard, Jean, Marcel Bessis und Claude Debru (Hg.), *Soi et non-soi.* Paris: Seuil, 1990.

Delaporte, François, *Das zweite Naturreich. Über die Fragen des Vegetabilischen im XVIII. Jahrhundert.* Mit einem Vorwort von Georges Canguilhem, übersetzt von Eva Brückner-Pfaffenberger. Frankfurt/M, Berlin, Wien: Ullstein, 1983.

Demogue, René, »La notion de sujet de droit. Caractères et conséquences«, *Revue trimestrielle de droit civil,* Nr. 3, 1909, S. 611-655.

Derrida, Jacques und Elisabeth Roudinesco, *Woraus wird Morgen gemacht sein? Ein Dialog.* Aus dem Französischen von Hans-Dieter Gondek. Stuttgart: Klett-Cotta, 2006.

Descartes, René, *Oeuvres philosophiques (1618–1637),* Bd. I. Paris: Édition Ferdinand Alquié, 1963.

Dewitte, Jacques, »Adolf Portmann et l'›apparence inadressée‹«, *Prétentaine,* Nr. 14, Bd. 15, Dezember 2001, S. 207-223.

Dioskurides, *De materia medica,* Aus der lateinischen Übersetzung ins Spanische übersetzt. Antwerpen: Jean Laet, 1555.

Driesch, Hans, *Die Philosophie des Organischen.* Leipzig: Verlag Wilhelm Engelmann, 1909.

Drouin, Jean-Marc, *L'Herbier des philosophes.* Paris: Seuil, »Science ouverte«, 2008.

Dufourcq, Annabelle, »Ce que l'animal veut dire: Merleau-Ponty et l'analyse du mimétisme chez Portmann«, in: Florence Burgat und

Cristian Ciocan, *Phénoménologie de la vie animale*. Bukarest: Zeta Books, 2016, S. 84-118.

Duicu, Dragos, »La téléologie cachée dans la pensée biologique de Uexküll«, *Revue de métaphysique et de morale*, Nr. 101, 2019/1, S. 91-100.

Dunier, Muriel, Pierre Le Neindre, Raphaël Larrère und Patrick Prunet, *La Conscience des animaux*. Versailles: Quæ, 2018.

Dupeux, Yves, »Ontologie de l'animal, et au-delà«, *Lignes*, Nr. 28, Februar 2009, S. 93–107.

Dussault, Antoine C., »Welfare, health, and the moral considerability of nonsentient biological entities«, in *Les Ateliers de l'éthique* 13(1), Winter 2018, S. 184-209.

Dutrochet, Henri, *Recherches anatomiques et physiologiques sur la structure intime des animaux et des végétaux, et sur leur motilité*. Paris: J.-B. Baillère, 1824.

Edelman, Bernard und Marie-Angèle Hermitte (Hg.), *L'Homme, la nature et le droit*. Paris: Christian Bourgois, 1988.

Eidgenössische Ethikkommission für die Biotechnologie im Ausserhumanbereich, *Die Würde der Kreatur bei Pflanzen. Die moralische Berücksichtigung von Pflanzen um ihrer selbst willen*. Bern, 2008.

Ey, Henri, *La Conscience*. Paris: Desclée de Brouwer, 1983.

Ey, Henri, »Le concept de ›psychiatrie animale‹. (Difficultés et intérêt de sa problématique)«, in: Brion, Abel-Justin und Henri Ey (Hg.), *Psychiatrie animale*. Paris: Desclée de Brouwer, »Bibliothèque de neuro-psychiatrique de langue française«, 1964, S. 11-40.

Feinberg, Joel, »The Rights of Animals and Unborn Generations«, in William T. Blackstone (Hg.), *Philosophy & Environmental Crisis*. Athens, GA: The University of Georgia Press, 1974, S. 43-68.

de Fontenay, Élisabeth, »Une communauté de destin«, in: Edelman, Bernard und Marie-Angèle Hermitte (Hg.), *L'Homme, la nature et le droit*. Paris: Christian Bourgois, 1988, S. 382-383.

Foucault, Michel, *Die Ordnung der Dinge. Eine Archäologie der Humanwissenschaften*. Aus dem Französischen von Ulrich Köppen. Frankfurt/M: Suhrkamp (stw 96), 13. Auflage 1995.

Freud, Sigmund, *Hemmung, Symptom und Angst*, in *Gesammelte Werke* Bd. 14. London: Imago Publishing, 1948, S. 111-174.

Freud, Sigmund, »Abriss der Psychoanalyse«, in ders., *Gesammelte Werke*, 17. Band: *Schriften aus dem Nachlass*. London: Imago Publishing, 1955.

Gagliano, Monica, »In a green frame of mind: perspectives on the behavioural ecology and cognitive nature of plants«, *AoB Plants* Vol. 7:2015.

von Goethe, Johann Wolfgang, »Vorarbeiten zu einer Physiologie der Pflanzen«, in Hans J. Becker, Klaus H. Kiefer, Gerhard H. Müller, John Neubauer, Peter Schmidt (Hg.), *Sämtliche Werke nach Epochen seines Schaffens*. Münchner Ausgabe Band 4.2. München: Hanser, 1986.

Goffi, Jean-Yves, »›Une bizarrerie que je voudrais bien m'expliquer‹. Rousseau, botaniste en première personne«, in: Burgat, Florence und Vanessa Nurock (Hg.), *Le Multinaturalisme. Mélanges à Catherine Larrère*. Marseille: Éditions Wildproject, »domaine sauvage«, 2013, S. 42-52.

Goodpaster, Kenneth E., »On Being Morally Considerable«, *Journal of Philosophy* 75, 1978, S. 308-325.

Grosos, Philippe, »L'humain: vivant paradoxal, ou l'enjeu d'un modèle oublié«, *Le Philosophoire* Nr. 23, Herbst 2004, S. 63-88.

Hall, Matthew, *Plants as Persons. A Philosophical Botany*. New York: Suny Press, 2011.

Hallé, Francis, *Éloge de la plante. Pour une nouvelle biologie*. Paris: Seuil, 1999.

Hallé, Francis, *Plaidoyer pour l*'arbre. Nîmes, Actes Sud, 2007.

Hallé, Francis und Pierre Lieutaghi (Hg.), *Aux origines des plantes. Des plantes et des hommes*. Paris: Fayard, 2008.

Hallé, Francis, »Un arbre tout neuf. Trois idées nouvelles au sujet des arbres«, in: Hiernaux, Quentin und Benoît Timmermans (Hg.), *Philosophie du végétal*. Paris: Vrin, »Annales de l'Institut de philosophie de Bruxelles«, 2018, S. 77-90.

Hegel, Friedrich, *Enzyklopädie der philosophischen Wissenschaften*. Werke 9: Zweiter Teil: *Die Naturphilosophie. Mit den mündlichen Zusätzen*. Frankfurt/M.: Suhrkamp, 1970.

Heidegger, Martin, *Sein und Zeit*. Tübingen: Max Niemeyer, 11. Auflage, 1967.

Heidegger, Martin, »Brief über den Humanismus«, in: ders., *Wegmarken*. Gesamtausgabe, Band 9. Frankfurt/M.: Vittorio Klostermann, 1976, S. 313-364.

Heidegger, Martin, *Die Grundbegriffe der Metaphysik. Welt – Endlichkeit – Einsamkeit*. Frankfurt/M.: Vittorio Klostermann, 1983.

Heidegger, Martin, »Wozu Dichter?«, in: ders., *Holzwege*. Frankfurt/M.: Vittorio Klostermann, 8. Auflage 2003, S. 269-320.

Hepburn, Ronald, »Contemporary Aesthetics and the Neglect of Natural Beauty«, in Carlson, Allen und Arnold Berleant (Hg.), *The Aesthetics of Natural Environments.* Peterborough, Ont.: Broadview Press, 2004, S. 44-62.

Hermitte, Marie-Angèle, »Artificialisation de la nature et droit(s) du vivant«, in: Philippe Descola (Hg.), *Les Natures en question.* Paris: Odile Jacob, 2018, S. 257-284.

Hermitte, Marie-Angèle, »Nature (sujet de droit)«, in: Dominique Bourg und Alain Papaux (Hg.), *Dictionnaire de la pensée écologique.* Paris: PUF, »Quadrige«, 2015, S. 691.

Hettinger, Ned, »Objectivity in Environmental Aesthetics and Protection of the Environment«, in Allen Carlson und Sheila Lintott (Hg.), *Nature, Aesthetics, and Environmentalism: From Duty to Beauty.* New York: Columbia University Press, 2008, S. 413-437.

Hiernaux, Quentin, »Pourquoi et comment philosopher sur le végétal?«, in: Quentin Hiernaux und Benoît Timmermans (Hg.), *Philosophie végétale.* Paris: Vrin, »Annales de l'Institut de philosophie de Bruxelles«, 2018.

Husserl, Edmund, *Cartesianische Meditationen und Pariser Vorträge.* Herausgegeben und eingeleitet von S. Strasser. Haag: Martinus Nijhoff, 1950.

Husserl, Edmund, *Die Krisis der europäischen Wissenschaften und die transzendentale Phänomenologie.* Herausgegeben von Walter Biemel. Haag: Martinus Nijhoff, 1954.

Jonas, Hans, »Evolution und Freiheit«, in: ders., *Philosophische Untersuchungen und metaphysische Vermutungen.* Frankfurt/M.: Insel, 1992.

Jonas, Hans, *Erinnerungen.* Frankfurt/M., Leipzig: Insel Verlag, 2003.

Jonas, Hans, *Das Prinzip Leben. Ansätze einer philosophischen Biologie.* Frankfurt/M.: Suhrkamp, 2011.

Jonas, Hans, »Biological foundations of individuality«, in: Dietrich Böhler et al. (Hg.), *Kritische Gesamtausgabe der Werke von Hans Jonas,* Band II/3, *Leben und Organismus. Life and Organism.* Freiburg i. Br.: Rombach, 2016, S. 583-606.

Kant, Immanuel, *Kritik der Urteilskraft.* Leipzig: Meiner, 1922.

Kohn, Eduardo, *Comment pensent les forêts. Vers une anthropologie au-delà de l'humain,* aus dem Englischen von Grégory Delaplace, Vorwort von Philippe Descola. Brüssel: Zones sensibles, 2017.

Lanteri-Laura, Georges, »La ›psychiatrie animale‹ et les troubles du comportement chez les animaux«, in: Abel-Justin Brion und Henri Ey (Hg.), *Psychiatrie animale.* Paris: Desclée de Brouwer, »Bibliothèque de neuropsychiatrie de langue française«, 1964, S. 121-134.

Larrère, Catherine, *Les Philosophies de l'environnement.* Paris: PUF, »Philosophies«, 1997.

Larrère, Caterine und Larrère, Raphaël, *Penser et agir avec la nature. Une enquête philosophique.* Paris: La Découverte, 2015.

Larrère, Catherine, »Qu'est-ce que l'humanisme aujourd'hui?«, *Humanité et Biodiversité,* Nr. 4, 2017, S. 50-63.

Larrère, Raphaël, »La protection de la nature et les animaux«, *Revue semestrielle de droit animalier,* Vol. 1, 2016, S. 265-276.

Leibniz, Gottfried Wilhelm, *Nouveaux Essais sur l'entendement humain* (1703-1705), *Préface,* in: *Sämtliche Schriften und Briefe* Bd. VI.6, Berlin 1990.

Lenne, Catherine, *Dans la peau d'une plante* (Paris: Belin, 2014.

Lenne, Catherine, Olivier Bodeau und Bruno Moulia, »Percevoir et bouger: les plantes aussi!«, *Pour la science* 348, April 2014, S. 40-47.

Leopold, Aldo, *Am Anfang war die Erde. Plädoyer zur Umwelt-Ethik.* Mit einer Einleitung von Horst Stern. München: Knesebeck, 1992.

Le Ru, Véronique, *L'Individu dans le monde vivant.* Mailand: Mimesis, »Philosophie«, 2015.

Lestel, Dominique, *Apologie du carnivore.* Paris: Fayard, 2011.

Lévi-Strauss, Claude, im Gespräch mit Jean-Marie Benoist, *Le Monde,* 21.–22. Januar 1979.

Lévi-Strauss, Claude, *Der Blick aus der Ferne.* Aus dem Französischen von Hans-Horst Henschen und Joseph Vogl. Frankfurt/M.: Suhrkamp, 1983.

Lévi-Strauss, Claude, *Strukturale Anthropologie II.* Aus dem Französischen von Eva Moldenhauer. Frankfurt/M.: Suhrkamp, 2009

Lévi-Strauss, Claude, *Das Nahe und das Ferne. Eine Autobiographie in Gesprächen mit Didier Eribon.* Aus dem Französischen von Hans-Horst Henschen. Zürich: Kampa, 2019.

Manchev, Boyan, »La liberté sauvage. Hypothèses pour une politique animale«, *Lignes* Nr. 28, Februar 2009, S. 77-92.

Mancuso, Stefano und Alessandra Viola, *Die Intelligenz der Pflanzen.* Aus dem Italienischen von Christine Amann. München: Kunstmann, 2015.

Marder, Michael, *Plant-Thinking. A Philosophy of Vegetal Life*. New York: Columbia University Press, 2013.

Marder, Michael, »For a Phytocentrism to Come«, *Environmental Philosophy* 11 (2), 2014, S. 237-252.

Merleau-Ponty, Maurice, *Phänomenologie der Wahrnehmung*. Aus dem Französischen übersetzt und eingeführt durch eine Vorrede von Rudolf Boehm. Berlin: de Gruyter, 1966.

Merleau-Ponty, Maurice, *Die Struktur des Verhaltens*. Aus dem Französischen übersetzt und mit einem Vorwort von Bernhard Waldenfels. Berlin, New York: de Gruyter, 1976.

Merleau-Ponty, Maurice, *Die Natur. Die Natur: Aufzeichnungen von Vorlesungen am Collège de France 1956 – 1960*. Hrsg. und mit Anm. vers. von Dominique Séglard. Aus dem Französischen von Mira Köller. München: Fink, 2000.

Merleau-Ponty, Maurice, *L'Institution. La passivité. Notes de cours au Collège de France (1954–1955)*, herausgegeben von Dominique Darmaillacq, Claude Lefort und Stéphanie Ménasé. Paris: Belin, 2003.

Moulin, Anne-Marie, »La métaphore du soi et le tabou de l'auto-immunité«, in: Jean Bernard, Marcel Bessis und Claude Debru (Hg.), *Soi et non-soi*. Paris: Seuil, 1990.

Nissim Amzallag, Gérard, *L'Homme végétal. Pour une autonomie du vivant*. Paris: Albin Michel, 2003.

Pascal, Blaise, *Gedanken*. Aus dem Französischen von Ulrich Kunzmann. Kommentar von Eduard Zwierlein. Berlin: Suhrkamp, »Suhrkamp Studienbibliothek«, 2012.

Plessner, Helmuth, *Die Stufen des Organischen und der Mensch. Einleitung in die philosophische Anthropologie*. Frankfurt/M.: Suhrkamp, 1981.

Plinius der Ältere, *Naturgeschichte*. Aus dem Lateinischen von Marion Giebel. Berlin: Reclam, 2005.

Portmann, Adolf, *Die Tiergestalt. Studien über die Bedeutung der tierischen Erscheinung*. Freiburg/ Br., Basel, Wien: Herder, 1965.

Pouteau, Sylvie, »Point, ligne et plante: l'être végétal comme expérience de seuil existentiel«, in: Roberto Barbanti und Lorraine Verner (Hg.), *Les Limites du vivant*. Bellevaux: Éditions Dehors, 2016.

Pradeu, Thomas, *Les Limites du soi. Immunologie et identité biologique*. Montreal, Paris: Les presses de l'université de Montréal, Vrin, 2009.

Regan, Tom, *Les Droits des Animaux*. Aus dem Englischen von Enrique Utria. Paris: Hermann, »L'avocat du diable«, 2012.

Reichholf, »L'expression de la beauté versus l'adaptation darwinienne«, in: Florence Burgat und Cristian Ciocan, *Phénoménologie de la vie animale*. Bukarest: Zeta Books, 2016, S. 47-63.

Rolston, Holmes III, »Is there an Ecological Ethic?«, *Ethics* 85, 1975, S. 93-109.

Rolston, Holmes III, »From Beauty to Duty: Aesthetics of Nature and Environmental Ethics«, in: Arnold Berleant (Hg.), *Environment and the Arts: Perspectives on Environmental Aesthetics*. London, New York: Routledge, 2002, S. 127-141.

Rousseau, Jean-Jacques, *Fragments pour un dictionnaire des termes d'usage en botanique*, Introduction, *Œuvres complètes*, Bd. IV. Paris: Gallimard, »Bibliothèque de la Pléiade«, 1963.

Rousseau, Jean-Jacques, *Botanik für artige Frauenzimmer: Lehrbriefe für eine Freundin*. Aus dem Französischen von Ruth Schneebeli-Graf. Hanau: Peters, 1980.

Rousseau, Jean-Jacques, Träumereien eines einsamen Spaziergängers. Siebenter Spaziergang. In ders., *Schriften*, Bd. 2. Hrsg. von Henning Ritter. Frankfurt/M.: Fischer, 1988.

Rousseau, Jean-Jacques, *Abhandlung über den Ursprung und die Grundlagen der Ungleichheit unter den Menschen*. Aus dem Französischen übersetzt und herausgegeben von Philipp Rippel. Stuttgart: Reclam, 2010.

Ruyer, Raymond, »L'individualité«, *Revue de métaphysique et de morale*, Juli 1940, S. 236-304.

Ruyer, Raymond, »L'individualité« (suite et fin), *Revue de métaphysique et de morale*, Nr. 47, Bd. 4, 1940, S. 386-410.

Ruyer, Raymond, »L'expressivité«, *Revue de métaphysique et de morale*, Nr. 1, Bd. 2, 1995.

von Sachs, Julius, *Die Geschichte der Botanik vom 16. Jahrhundert bis 1860*. München: Oldenbourg, 1875.

Sartre, Jean-Paul, *Der Ekel*. Deutsch von Uli Aumüller. Gesammelte Werke: Romane und Erzählungen. Reinbek bei Hamburg: Rowohlt, 1987.

Scheler, Max, *Die Stellung des Menschen im Kosmos*. München: Nymphenburger Verlagshandlung, 1947.

Schopenhauer, Arthur, *Die Welt als Wille und Vorstellung*. Zürcher Ausgabe. Werke in zehn Bänden. Band 1. Zürich: Diogenes, 1977.

Schopenhauer, Arthur, *Über den Willen in der Natur*. Frankfurt/M: Joh. Christ. Hermann'sche Buchhandlung, 1854.

Schweitzer, Albert, *Aus meinem Leben und Denken*. Hamburg: Meiner, 2011.

Schweitzer, Albert, *Kultur und Ethik*. München: C. H. Beck, 1990.

Serres, Michel, *Der Naturvertrag*. Aus dem Französischen von Hans-Horst Henschen. Frankfurt/M.: Suhrkamp, 1994.

Simondon, Gilbert, *Communication et information. Cours et conférences*. Herausgegeben von Nathalie Simondon und eingeleitet von Jean-Yves Château. Chatou: La Transparance, »Philosophie«, 2010.

Stone, Christopher D., »Should Trees Have Standing? – Towards Legal Rights for Natural Objects«, *Southern California Law Review* 45 (1972), S. 450-501.

Straus, Erwin, *Vom Sinn der Sinne. Ein Beitrag zur Grundlegung der Psychologie*. Berlin: Springer, 1956.

Tassin, Jacques, *À quoi pensent les plantes?* Paris: Odile Jacob, 2016.

Tassin, Jacques, *Penser comme un arbre*. Paris, Odile Jacob, 2018.

Taylor, Paul W., »The Ethics of Respect for Nature. Human-Centered and Life-Centered Systems of Environmental Ethics«, *Environmental Ethics* 3 (3), 1981, S. 197-218.

Theophrast, *Naturgeschichte der Gewächse*, übersetzt und erläutert von K. Sprengel. Altona: Johann Friedrich Hammerich, 1822.

Trewavas, Anthony, *Plant Behaviour and Intelligence*. Oxford: Oxford University Press, 2014.

Uexküll, Jakob von, *Streifzüge durch die Umwelten von Menschen und Tieren. Bedeutungslehre*. Frankfurt/M.: Fischer, 1983.

Vaihinger, Hans, *Die Philosophie des Als Ob. System der theoretischen, praktischen und religiösen Fiktionen der Menschheit auf Grund eines idealistischen Positivismus*. 7./8. Auflage, Leipzig: Meiner, 1922.

Vaillant, Sébastien, »Demonstrator der Pflanzen des Jardin Royal in Paris,« Rede bei der Eröffnung des Gartens am 10. Juni 1717, protokolliert von Studierenden der Botanik: »Discours sur la structure des fleurs, leurs différences et l'usage de leurs parties«, *Cahiers philosophiques* 2018, 2, 153, S. 82-92.

Viry, Robert, »Le fonctionnement psychique et ses dérèglements«, in: André Cuvelier (Hg.), *Psychisme et intelligence artificielle*. Nancy: Presses universitaires de Nancy, 1992, S. 95-96.

Wandersee, James H. und Elisabeth-E. Schussler, »Preventing Plant Blindness«, *American Biology Teacher,* 1999, Nr. 61, S. 84-86.

Wandersee, James H. und Elisabeth-E. Schussler, »Toward a Theory of Plant Blindness«, *Plant Science Bulletin,* 2001, Nr. 47, S 2-9.

Wohlleben, Peter, *Das geheime Leben der Bäume – was sie fühlen, wie sie kommunizieren – die Entdeckung einer verborgenen Welt.* München: Wilhelm Heyne Verlag, 2015.

Zürcher, Ernst, *Die Bäume und das Unsichtbare.* Aus dem Französischen von Silke Huber. Aarau/ München: AT Verlag, 2016.